BERNARD TAPIE

GAGNER

FRANCE LOISIRS
123, boulevard de Grenelle, Paris

Édition du Club France Loisirs, Paris
avec l'autorisation des éditions Robert Laffont

ISBN 2-7242-3223-2

A ma grand-mère
que j'ai perdue il y a dix ans.
Femme de service à l'Assistance publique,
veuve de guerre à vingt-quatre ans,
avec trois enfants à charge,
ce livre de son petit-fils
qu'elle n'aura pas vu grandir.

Prologue

Je le regarde. Il est au pied de la tribune, juste sous les projecteurs, vingt ans, blondinet, le regard un peu glauque, la bouche enfarinée ; la dernière réunion tire à sa fin ; pendant deux fois deux heures, 5 000 étudiants m'ont bombardé de questions, dans un Palais des Congrès rempli à craquer. « Ici, Bernard, je suis ici ! » Caméra vidéo et photographes se braquent sur lui, il bégaie d'émotion et me lance : « Bernard, j'ai une devise qui fait peur à certains, mais tant pis. Je pense que dans la vie, il y a deux sortes de gens, les dominants et les dominés. Personnellement, je préfère être parmi les dominants que dans le troupeau des dominés. Que penses-tu de ma formule ? »

Drôle, comme les images vous viennent. Pourquoi ai-je pensé, juste à ce moment, au Bourget, à la maison, à mon père, au respect qu'avait ma famille pour le médecin, l'instituteur, le policier, qui incarnaient l'Autorité, et devant laquelle il fallait toujours plier ? Il fallait dire bonjour, merci, obéir, se soumettre. Oui, docteur, oui, monsieur l'agent, oui, monsieur le maître d'école. Oui.

Non ! Je regarde mon jeune interlocuteur et lui lance : « Arrête ! Il n'y a pas, et heureusement, les dominants et les dominés. Il ne faut pas mélanger les genres. Il ne s'agit pas de dominer les autres mais soi-même et son sujet. Les inégalités existent au plan de l'argent, du pouvoir, de l'intelligence, de l'esthétique, mais elles disparaissent devant l'amour et le bonheur ; aucune victoire ne s'obtient au détriment des autres ; si tu marches sur les têtes pour arriver, tu arriveras peut-être, mais dans quel état ! Il n'y aura autour de toi que des cadavres et l'on n'est jamais heureux dans la galaxie des tombes. »

Plus tard, rentré chez moi, je réfléchis à cette apostrophe et je me dis que ce que les médias en mal de stars appellent " l'effet Tapie" pourrait être à la source d'un gigantesque malentendu. Si mon désir est de susciter chez des milliers de jeunes une vocation d'entrepreneur, il faut absolument éviter le cliché du cynisme impitoyable considéré comme une vertu cardinale du monde des affaires. Si certains fantasment Tapie avec le Stetson du J.R. de *Dallas*, il est vraiment nécessaire que je leur explique d'où je viens, qui je suis, ce que je crois et ce qui me fait avancer.

D'où ce livre.

1.
Le temps d'apprendre à vivre

Tapie Zorro, Tapie Tarzan, la Porsche, le Jet, la maison avenue Foch, le quatre-mâts... Je ne vous ferai pas une énumération détaillée de la réussite du petit garçon élevé dans les quartiers pauvres de la banlieue parisienne, au Bourget, passant des heures le nez en l'air pour suivre de ses yeux rêveurs d'énormes oiseaux blancs — un petit garçon qui n'aurait jamais imaginé pouvoir monter un jour à bord d'un de ces fascinants engins comme passager.

Depuis toujours ce qui m'intéresse c'est d'essayer, d'apprendre, d'aller plus loin. Je me suis éveillé à la vie avec une boulimie folle, une rage de vivre, de connaître, de risquer. William Blake disait : « Celui dont le visage ne reflète pas la lumière ne sera jamais une étoile. » Je ne sais pas si je suis une étoile, certains disent que je suis une star, mais cela n'a aucune espèce d'importance. Ce qui compte, c'est d'être heureux. Pour ce qui me concerne, c'est d'essayer de faire bien ce que je fais, d'aller jusqu'au bout de moi-même. J'ai essayé de m'éloigner des chemins tracés, des routes que l'on croit balisées pour toujours : je n'avais pas le choix. Quand on naît fils d'ouvrier au Bourget, il n'est assurément pas banal de s'envoler, quelque quarante ans plus tard, aux commandes de son Jet, pour intervenir, chaque fois que le besoin s'en fait sentir, dans les 116 usines du groupe, réparties dans 28 pays.

Le paysage de mon enfance était celui de bien des Français dans les années 50, à l'aube des trente glorieuses qui allaient transformer le pays. Oui, je suis né précisément à la veille de ce qu'on allait appeler pompeusement l'expansion ou l'envol de la France et j'ai grandi durant ces années qui ont fait passer notre pays d'un état archaïque, essentiellement rural, quasiment féodal, à l'ère post-industrielle.

Le décor qui a été celui de mon enfance ne mériterait pas trois lignes, tellement il était banal dans ces années de l'immédiat après-guerre. Je vous offre néanmoins une visite guidée des lieux, ne serait-ce que pour l'édification des jeunes générations. Imaginez un appartement de vingt mètres carrés à peine où nous logions à quatre, mes parents, mon frère et moi. C'est dans les six mètres carrés de notre cuisine que ma mère préparait les repas, faisait la lessive et le repassage, cousait tous nos vêtements. C'est là que se déroulaient presque tous les actes de la vie quotidienne, notre pièce d'habitation ne contenant que lits, armoires et chaises. C'est là aussi que se trouvait notre unique point d'eau :

le robinet de l'évier qui ne distillait que de l'eau froide. Bien entendu, pas de salle de bains. Pour connaître ce luxe j'ai dû attendre d'avoir dix-huit ans. Si j'ajoute que les toilettes, communes à tout l'immeuble, étaient au fond de la cour, vous aurez fait le tour du panorama. Mais je ne suis pas là pour faire pleurer Margot ou tomber dans je ne sais quel misérabilisme obscène ; ils sont encore bien suffisamment nombreux aujourd'hui, ceux qui recourent à cette recette quasiment infaillible.

Si j'ai été privé de quelque chose dans mon enfance, ce n'était pas en tout cas de l'affection de mes parents. Certes, mon père devait se battre pour nous faire vivre : il était frigoriste chez SATAM, à La Courneuve. Ma mère composait de son mieux avec nos petits moyens. Elle a tenu une place prépondérante dans ma vie, peut-être parce qu'elle a peuplé seule l'univers de mes premières années. A ma naissance, mon père a dû rester longtemps éloigné de nous. Originaire de l'Ariège, un pays rude, sans concessions, sans compromis, il était d'un naturel plutôt taciturne. Ses paroles comme ses actes étaient toujours empreints de cette gravité un peu austère qui est la marque de ceux pour qui la vie est avant tout un devoir à remplir avec le plus grand sérieux. Dans le milieu où il a grandi, les manifestations d'affection ne pesaient pas bien lourd à côté de celles de responsabilités et de mérite. Mon frère, de quatre ans mon cadet, a hérité davantage que moi de son tempérament, si bien qu'il s'est assez vite créé entre eux de nombreuses affinités. Moi, je me faisais l'effet du canard sauvage. De nature plutôt exubérante, j'avais tendance à prendre la réserve de mon père pour de l'indifférence. Lorsque je lui raconte cela aujourd'hui, nous en rions ensemble, mais à l'époque je ne riais pas. Qu'il était fier de mes succès, dans le domaine du sport, de la musique, ou même à l'école — car cela arrivait aussi — je le sais à présent, mais dans ces années-là, pour m'en assurer, j'aurais eu besoin de le lui entendre dire. Pour un enfant, le père est le maître, le chef, celui que l'on admire sans réserve, que l'on rêve d'imiter. Je voulais à tout prix savoir avec certitude que j'étais digne de lui.

J'écris tout cela pour bien montrer que le problème n'était pas celui de la misère. J'ai toujours mangé à ma faim ; je n'ai jamais manqué de l'essentiel. Mes parents y pourvoyaient. Il faut dire que mon père travaillait soixante-cinq heures par semaine. D'abord ajusteur, il a pris des cours du soir aux Arts et Métiers pour devenir frigoriste et il a suivi la filière : contremaître puis chef d'atelier. A l'époque où je suis devenu moi-même chef d'entreprise, il s'est mis à son compte avec mon frère et tous deux continuent à travailler ensemble aujourd'hui.

***

11, avenue Baudouin, Le Bourget. Un tout petit appartement sans confort. Bien sûr, mes parents rêvaient d'une HLM. Qui ne comprend pas quel symbole d'acquisition d'un statut social représentait une HLM ne connaît rien au milieu ouvrier des années 50 ; l'HLM, c'était la certitude d'avoir enfin une salle de bains, ou au moins une salle d'eau, un salon, une chambre à coucher, autant de choses impensables à l'époque où j'étais enfant. Mais mes véritables préoccupations étaient ailleurs.

Effectivement, j'aurais pu, comme on dit dans les romans à quatre sous, tourner délinquant ou ne pas tourner du tout.

Je ne courais aucun risque de ce côté-là. Pourquoi ? Parce que j'avais une chance inouïe : à quarante mètres de chez moi, se trouvait le stade municipal du Bourget où je pouvais faire de la natation, du football, du handball, de la gymnastique. C'est là que je retrouvais mes copains et que j'ai découvert le goût de la compétition, celui de faire mieux, d'en faire plus, toujours plus. Dès lors je n'ai plus arrêté de faire du sport. Chaque jour, à peine les cours terminés, je courais vers le stade. Nous étions quelques-uns à distribuer les tickets, à aider aux vestiaires, toujours prêts à nous rendre utiles. J'essayais de faire tous les sports, quatre heures par jour. Lundi, natation ; mardi, gymnastique — la vraie — les arceaux, les sauts périlleux et autres figures imposées ; le mercredi, je m'entraînais au football ; le jeudi, c'était le handball ; le vendredi à nouveau la gymnastique ; le samedi, je faisais encore de la natation et enfin le dimanche nous avions match.

Dès l'âge de cinq ans, le sport est devenu ma

passion, mon obsession. D'ailleurs, quand on m'interrogeait sur l'avenir, je ne répondais jamais que je serais ouvrier ; l'idée ne m'effleurait pas. J'envisageais une carrière de footballeur ou de musicien, la musique aussi me passionnait.

Pour moi, la bande de jeunes, le côté Gérard Lambert — cher à Renaud —, de la destruction sociale à l'usage des midinettes, cela n'a jamais existé. Ma bande à moi était au stade. Elle y apprenait l'esprit de compétition, la solidarité, la souplesse, l'adaptation, toutes choses que je devais retrouver plus tard. En sport, comme en amour, il arrive un moment où il n'y a plus de tricherie possible. Il n'y a plus que la vérité, non pas le jeu de la vérité, mais l'épreuve de la vérité elle-même. Quand vous êtes sur le terrain en train de disputer un match de football, il n'y a plus de discours, plus d'échappatoire, plus d'alibis : vous êtes bon ou vous ne l'êtes pas ; vous vous défoncez pour aider votre équipe à gagner, sinon il est inutile de jouer. J'ai appris très vite des choses qui, force m'est de l'avouer, m'ont beaucoup servi plus tard. Si je n'ai jamais pratiqué que des sports d'équipe, ce n'est pas par hasard. D'ailleurs à l'époque, le golf n'était pas un sport très en vogue du côté de La Courneuve, d'Aubervilliers ou du Bourget. Nous n'avions évidemment pas non plus les moyens de nous offrir le ski de fond à Saint-Moritz ou à Gstaad...

Grâce à "mon stade", j'ai échappé à une vie morne, programmée, qui aurait constitué le deuil éclatant de mon bonheur. Je ne voulais pas être célèbre, et ne savais pas encore ce qu'était une star : la seule personne dont je voulais être reconnu et aimé c'était mon père qui, à chacune des victoires de mon équipe, m'opposait un silence pesant. La seule entreprise qui m'importât, durant toute mon adolescence, était la reconquête du marché paternel. J'y suis arrivé. Mais cela a pris du temps.

En dix ou douze ans, le stade était devenu ma résidence secondaire. Je me trompe : ma résidence principale. J'y ai appris qu'un chef n'est pas seulement celui qui commande, mais surtout celui qui donne l'exemple. Il doit savoir rendre les autres meilleurs et leur montrer ce qu'il faut faire. A charge pour lui de balayer les manques, les lacunes, d'être partout pour essayer de colmater les brèches et surtout de procurer une image valorisante à son équipe. J'en ai tiré un enseignement très précieux : on ne devient pas le meilleur en faisant cavalier seul. Le chef, le vrai chef, n'est jamais le Caudillo, le führer ou le gauleiter, ou tout autre pantin sanglant et qui surgit de la fécondation *in vitro* de l'histoire avec le crime pour essayer de sauver le monde malgré celui-ci, et pour lequel la fin justifie n'importe quel moyen.

Non, le chef est celui qui paie d'abord de sa personne, écoute les autres et sait s'en faire écouter. Il les irrigue de ce que Shakespeare appelait "le lait de la tendresse humaine" en même temps que de l'énergie nécessaire pour vaincre.

Très vite, j'ai été capitaine de la plupart des équipes dans lesquelles j'ai joué, comme j'étais d'ailleurs délégué de ma classe et préposé aux fêtes de fin d'année. J'avais une bonne mémoire et déjà une certaine dose de culot, alors, quand il s'agissait de faire les sketches, aux distributions de prix, on appelait le petit Tapie qui adorait faire son numéro (je n'ai pas tellement changé depuis). Il fallait que j'aille toujours plus fort, toujours plus haut, car quand on s'habitue à la victoire, on n'a plus envie de la quitter. Ça ne remplace peut-être pas une HLM, ce n'est peut-être pas le bonheur, mais ça y ressemble sacrément.

La banlieue. Je suis très étonné de voir à quel point les gens qui parlent de la banlieue n'ont strictement rien compris. Mes copains et moi-même n'étions jamais allés à Paris avant l'âge de quatorze ans ! Le Bourget, ce n'est pas Nice, ni même Fontainebleau. C'est à 5 km de la porte de La Villette. Mais autrefois — et ce n'est pas si vieux, je parle des années 60 — mes sorties se limitaient à Aubervilliers et La Courneuve. C'étaient les virées du dimanche avec mes parents, ou le camping avec des amis. L'une de mes premières incursions dans la capitale a eu pour but le musée du Louvre, à l'occasion d'une sortie organisée par l'école. Après je n'en ai plus décollé. J'y allais au moins dix fois par an et la passion pour les œuvres anciennes et les objets d'art ne m'a plus quitté.

Il importe vraiment de se replacer dans le contexte de l'époque. Mes parents ne possédaient évidemment pas de téléviseur ; à la radio, nous suivions les aventures de la famille Duraton et les jeux de Zappy Max ; la politique ne nous intéressait absolument pas ; c'est à peine si nous connaissions le nom du Premier ministre. Ce n'était pas très important pour nous. Ce qui se passait dans le monde nous parvenait certes, mais d'une manière tout à fait diffuse. Il faut bien comprendre ce qu'était ce microclimat de banlieue. On peut s'étonner que dans les années 50-60, des jeunes gens de notre âge aient presque tout ignoré du rock and roll par exemple, mais les "yéyés" et *Salut les Copains* ne sont apparus que vers 1962-63. Nous étions loin de tout cela. Mon père lisait *L'Huma* chaque jour mais nous ne discutions jamais politique. Lui-même n'a jamais été inscrit au Parti communiste, comme on l'a prétendu, et moi-même je n'en ai jamais été militant. Mon seul militantisme était le sport et je ne m'en privais pas.

L'année dernière, j'étais avec mon fils cadet à une réception où je m'ennuyais et lui aussi. Tout à coup, je le vois en train de griffonner sur un papier. Et il écrit, il écrit... Je vais vers lui et lui demande ce qu'il fait. Et Laurent de me répondre très calmement :

— Je prépare le journal de demain.

— Ah ! bon, lui dis-je, et qu'est-ce que tu mets en titre ?

— Eh bien, me répond-il, la querelle P.S.-P.C., les infortunes de Fabius, S.O.S.-Racisme, la montée de Le Pen, l'insécurité est-elle liée à l'immigration ?

Tout cela à dix ans. J'en suis resté baba. La télévision lui permet, à son âge, d'en savoir beaucoup plus que moi à vingt ans. Je me rappelle aussi un voyage professionnel que j'avais effectué en Irlande, avec deux cents présidents-directeurs généraux de sociétés ; quelques-uns étaient venus me demander des autographes pour leurs fils de dix ou douze ans. L'un d'entre eux m'a dit : « Vous savez, j'ai demandé à mon fils : Pourquoi veux-tu un autographe de Bernard Tapie ? D'abord, est-ce que tu sais qui c'est ? Et mon fils m'a répondu : Bien sûr, c'est celui qui reprend les affaires qui ne marchent pas. »

Il y a un monde — que dis-je ? un univers — entre l'adolescent que je pouvais être il y a vingt-cinq ans et les jeunes d'aujourd'hui. J'ai la conviction que la jeunesse des années 80 est non seulement plus lucide mais plus mature que nous le fûmes et cela me réjouit, m'encourage et me fait bien augurer de l'avenir.

Ma grand-mère était femme de ménage à l'école et me gardait de temps en temps. C'est elle qui m'a appris à lire. C'était un personnage extraordinaire de courage et d'obstination. C'est à l'école du Bourget que j'ai fait toute ma scolarité jusqu'au BEPC. Mon grand-père, lui, était cheminot à la gare de triage du Blanc-Mesnil.

Chaque été, mon père nous emmenait faire du camping sauvage. Pendant trois semaines, nous nous enivrions d'espace, de liberté, d'air pur et de silence. Lorsque sans transition nous retrouvions le petit trou de l'avenue Baudoin, le choc était rude. Des jours durant, un lourd silence planait sur notre famille puis, progressivement, nous nous réhabituions à l'exiguïté, aux bagarres de palier, aux altercations des voisins éthyliques et à cet environnement sinistre que n'égayait qu'un bout de jardin d'un mètre de large sur six mètres de long pour tous les locataires de l'immeuble. L'un y piquait des salades, l'autre y plantait des fleurs et moi j'y élevais mon renard.

Que l'on ne se méprenne point. A aucun moment, je n'ai eu le sentiment d'exister ou de vivre dans une voie sans issue, dans un cul-de-sac, et je ne voudrais jamais donner l'impression que j'étais le Poil de Carotte ou le Gavroche ou, que sais-je, la Cosette d'une histoire terrifiante. Pas du tout. Il y avait le sport, les filles, l'école, le violon qui m'occupaient beaucoup ; je n'éprouvais pas de sentiment d'injustice, ni de désir de revanche, ni aucune notion de ce que les marxistes appellent la lutte des classes. Je n'ai jamais ressenti ce que de bons philosophes ont appelé l'état d'aliénation. Même si chez moi on lisait *L'Humanité*, on n'a jamais parlé des bourgeois, des nantis, avec le mépris à la bouche. Jamais. J'ai plutôt le sentiment que la frustration va de pair avec l'information ; non que je sois contre l'information, elle me paraît totalement indispensable, mais je veux parler de cette débauche extraordinaire de publicité que l'on voit à la télévision ou dans les magazines, d'objets de luxe et de désir. Nous étions préservés de cette extraordinaire culture de la frustration que distille à présent la télévision avec Dallas, Dynasty, etc. Encore une fois, nous n'avions que la radio qui diffusait des messages bien anodins. Le fameux "village global" de McLuhan n'existait pas ;

nous vivions dans un vrai village, bien séparé, bien particulier, avec ses notabilités, mais c'était quoi, les notabilités du coin ? Le garagiste, l'épicier, les boutiquiers. J'insiste car c'est important : la frustration sociale n'existait pas au Bourget, dans ma famille, autour de moi, pas d'esprit de revanche, pas d'envie de grand soir, de désir de balayer tous les nantis, pas de volonté d'égaliser par le bas, rien de tout cela.

Une seule chose me révoltait vraiment : la soumission à l'autorité. En fait, c'était cela peut-être le plus grave : mes parents, mes oncles, mes tantes, mon entourage étaient totalement subjugués par ceux qui détenaient l'autorité — le médecin, l'instituteur, le policier, représentants de l'ordre public, représentants de ceux qui savent par rapport à ceux qui ne savent pas.

On nous faisait sentir que nous n'étions rien. Un jour — je ne pourrai jamais l'oublier — ma grand-mère qui ne se sentait pas bien depuis quelque temps, appelle le médecin ; il vient la voir, on lui explique qu'elle "ne va pas popo" — je reprends le langage que l'on employait — et le médecin dit : « Mais ce n'est rien du tout, qu'elle prenne des suppositoires de glycérine. » Pendant sept ou huit jours, rien ne change ; le médecin revient et prescrit des lavements et des laxatifs. Le surlendemain, elle était morte d'une occlusion intestinale. S'il s'était agi de la femme du Bernard Tapie d'aujourd'hui, on lui aurait fait des radios, des scanners... tandis qu'une vieille dame du bon petit peuple, c'est-à-dire n'importe qui, c'est-à-dire rien du tout, elle pouvait bien crever.

C'est le fond du problème : la transmission des savoirs, la prestation qui change du tout au tout selon que vous êtes puissant ou misérable, mais cela est valable aussi bien ici qu'à Moscou. Il est évident que l'apparatchik breveté et autoproclamé de la nomenklatura soviétique n'est pas traité comme le fils du paysan de Bakou. Ma famille, les gens comme nous, qu'est-ce qu'ils étaient, sinon des chiffres dans une statistique, de la chair à canon et une bonne main-d'œuvre dans les usines ? Le peuple est fait pour exécuter, pour obéir, pour suivre, sans commentaires.

C'est comme ça que je suis entré en dissidence : j'ai décidé que je ne serai pas celui qui dit : « Oui, monsieur. » Il est arrivé par exemple à mon père de se faire tutoyer par un policier qui lui demandait ses papiers. J'ai trouvé ça totalement inadmissible, terrifiant. J'attendais qu'il lui dise : « Mais, enfin, vous allez arrêter de me tutoyer ? » Et il ne pouvait pas le faire parce que pour lui, comme pour tout le monde à l'époque, il était normal qu'un patron tape sur l'épaule d'un de ses employés en disant : « Ça va, mon p'tit gars ? » Comme Mac-Mahon disait : « Ah ! c'est vous le nègre. Eh bien, continuez ! »

Les premières années de mon enfance ont été marquées à la fois par cette révolte contre la soumission, et par le soutien de cette formidable colonne vertébrale familiale qui m'a structuré et sans laquelle je n'aurais jamais été ce que je suis. Il est bon de partir à l'aventure sur un rafiot, sur une planche à voile, en navigateur solitaire, mais si vous n'avez pas une radio qui vous relie à la rive, si n'existe pas ce cordon ombilical, c'est presque impossible. Je crois aux valeurs et je pense fondamentalement que notre tête ne pourra jamais aisément, agréablement naviguer dans les étoiles si nos pieds ne sont pas solidement plantés dans l'humus de la terre nourricière. Au-delà des malentendus et des affrontements de l'enfance, aujourd'hui je suis très heureux de voir souvent mon père et ma mère ; ils m'ont apporté énormément. Ils m'ont donné le sens de la solidarité, cette solidarité sans laquelle rien ne se fait.

Par exemple, aussi loin que l'on remonte dans l'arbre généalogique du côté de mon père comme celui de ma mère, il n'y avait jamais eu un divorce dans la famille Tapie. Quand j'ai annoncé à mon père que, parce que je ne m'entendais pas du tout avec ma femme, je voulais divorcer, il m'a regardé et m'a dit : « Et pourquoi ? » Je lui en ai expliqué les raisons, et il m'a répondu : « Mais toi, tu ne comptes pas ; tu as deux enfants. Est-ce que tu penses à tes enfants ? Ce sont eux qui comptent, toi, ça n'a aucune espèce d'importance. » Le sens du bonheur dans ma famille était complètement accroché aux notions de responsabilité et de devoir : il faut travailler, il faut mériter. Et le fait de ne plus aimer sa femme n'avait aucune espèce d'importance. Le petit bonheur personnel ne pèse qu'une goutte d'eau dans l'océan des responsabilités. Aujourd'hui, quand je vois mon père et ma mère, toujours ensemble après quarante-trois ans de mariage, je suis content pour eux, mais ça ne m'a évidemment pas empêché de suivre ma voie, et mes ruptures.

Mon père ne laissait jamais rien passer. Il est vrai que je préférais le handball à l'école. J'avais trouvé un poste au centre professionnel d'Aubervilliers et au club municipal où j'enseignais le handball. Le matin, je quittais la maison pour aller à l'école et, arrivé porte de La Villette, au lieu de prendre la direction de la porte de Clignancourt où était mon école, je partais vers la droite. Je m'éclatais au ballon et je me faisais des petits mots d'absence que je remettais à mes professeurs. Bien entendu, l'un d'entre eux découvrit un jour le pot aux roses et convoqua mon père. Je me rappellerai toute ma vie le soir où il est rentré, avec sa salopette bleue et sa petite sacoche ; lentement, sans rien dire, il a sorti un à un les mots d'absence de sa poche, et pour chacun il me mettait une taloche, nette, forte. Il m'a dit à la fin : « Si je travaille comme un dingue, si je me défonce, si je me casse le cul à vous faire vivre, c'est pour que tu ailles à l'école, pour que tu apprennes, pour que tu aies ton instruction et pas pour que tu manques tes cours. » Si mon fils avait fait la même chose je l'aurais au moins "couvert" à l'école, quitte à lui flanquer une correction après. Mon père, non. L'éducation laxiste, les enfants du Dr Spock, connaît pas. Pour lui, le devoir était primordial. Aller à l'école était un privilège, il fallait que j'accomplisse ce que l'on attendait, et il lui semblait tout à fait normal de prendre le parti du professeur contre moi ; c'est moi qui faillissais à ma tâche, qui n'en étais pas digne. Il m'a même fait virer de l'école, j'ai été renvoyé ; j'ai suivi des cours dans une autre, mais je n'ai jamais oublié cette leçon, qui consistait à privilégier l'institution et surtout la parole donnée, cette parole non écrite, non dite, mais dont le respect est fondamental, sinon, quelque part, un homme n'est pas un homme.

C'était ça Le Bourget. Un médecin avec cinquante personnes à voir dans la journée et qui donc les bousculait ; des professeurs face à des classes de quarante-cinq élèves, et qui souvent n'hésitaient pas à recourir à la force pour se faire obéir. J'ai connu les coups de règle, les coups de pied au cul, les gifles. Je me rappelle Duduche (Duchet de son vrai nom), cette franche ordure de Duduche, qui était mon prof de maths et de physique-chimie en cinquième. Tout le monde savait que ce type cognait, et cognait dur, mais jamais il n'a eu l'ombre d'une réprimande. Oui, je parle bien des années 55 : un professeur, au cours complémentaire du Bourget, pouvait cogner sans le moindre risque de sanction ou même de rappel à l'ordre. Si un élève rentrait et disait à son père : papa, le prof m'a mis une claque, il y avait beaucoup de risque qu'il en prenne une seconde. A l'époque c'était monnaie courante. C'était le prof, et il avait toute autorité sur ses élèves.

Certaines choses étaient considérées comme

immuables. Pas de révolte face aux capitalistes, face à une classe bourgeoise nantie qui nous opprimait, non. Il y avait dans la classe ouvrière, il faut bien l'avouer, l'acceptation d'une hiérarchie, des connaissances, du savoir. C'est cela qui nous opprimait et pas du tout l'argent. J'en avais à l'époque une appréhension un peu vague et bien entendu pas du tout formulée comme aujourd'hui.

Quand j'ai compris la domination de l'expert "qui sait", j'ai voulu moi-même en savoir davantage. Aujourd'hui, je ne prends jamais une affaire si je n'en sais pas autant que l'ingénieur qui est le spécialiste de la question.

Le savoir est une énergie de notre temps, le pétrole de notre conduite. On nous piège par le savoir : c'est la connaissance du garagiste par rapport à l'automobiliste qui n'entend rien au fonctionnement de sa voiture ; c'est la compétence du médecin qui connaît votre corps tellement mieux que vous et sur lequel vous n'avez aucune prise ; c'est l'autorité du professeur imbu de science ; comment discuter l'une de ses assertions puisque, encore une fois, elle a dans nos têtes pratiquement force de loi ? Aujourd'hui, que ce soit dans le domaine de la mode ou du sport, de l'alimentaire ou des piles alcalines, je tâche de faire en sorte que rien de ce qui appartient au domaine qu'englobe le groupe Bernard Tapie ne me soit étranger. S'il n'y a pas savoir, il y a piège. Et dans ce piège se sont engouffrées des milliers et des milliers de résignations.

Je me rappelle un livre que j'ai lu il y a quelques années et dont Henri Verneuil a tiré un film avec Yves Montand ; c'était un livre de Stanley Milgram qui racontait les expériences de savants américains ; ceux-ci avaient enfermé quelques volontaires humains en leur disant : « Vous avez une batterie de boutons devant vous, ces boutons commandent des décharges électriques et ces décharges électriques touchent des gens que vous voyez là, derrière la vitre. Chaque fois que nous vous l'ordonnerons, vous appuierez sur ces boutons et chaque fois la décharge sera plus forte. A vous d'arrêter quand vous estimerez que les patients souffrent trop, mais cette expérience leur est utile. » Il s'agissait de décharges factices, mais les volontaires l'ignoraient. Eh bien, 80 % d'entre eux sont allés jusqu'au bout, jusqu'à la décharge la plus forte, en dépit des cris de souffrance simulée des patients qui étaient de l'autre côté. Ils ont obéi ; et c'est cette obéissance qui est grave, cette acceptation intérieure de la soumission, que j'ai combattu d'emblée et que je continue à combattre.

Voilà pourquoi, dans le management d'aujourd'hui, je ne crois absolument pas à l'autorité imposée par la hiérarchie ; qu'il faille prendre une décision, c'est évident, mais que l'équipe qui m'entoure soit aussi responsable, aussi motivée, aussi unie pour le contrôle du destin de l'entreprise que moi-même, me paraît absolument fondamental.

C'est l'une des raisons pour lesquelles — et j'y reviendrai dans ce livre — jamais je ne décide de reprendre une entreprise — ou de la créer — si l'unanimité de mes collaborateurs n'est pas acquise. Quand nous examinons la structure, le marché, ses possibilités d'expansion, la valeur de ses hommes, son taux de notoriété, la qualité de son message, si un seul de mes collaborateurs est d'un avis contraire, je ne la prends pas. Je ne crois pas à la toute-puissance du chef sur une populace passive, je crois au courage, à l'appétit de vivre, au dynamisme ; eux seuls peuvent entraîner une motivation véritable.

Alléluia, ma vie ! Entre le sport, l'école et les promenades dominicales... Après le match du dimanche matin, notre petite famille prenait place dans la Mona 4 Renault, vieille mais rutilante guimbarde de mon père et, selon les saisons, on s'en allait cueillir des jonquilles, du muguet ou ramasser des châtaignes et des champignons. C'est ainsi qu'un jour, j'ai adopté un renard. On l'avait trouvé blessé dans la forêt de Senlis. J'ai appris depuis — je crois que je l'ai lu quelque part — que dans une portée de renards il y a toujours un petit qui est condamné par sa mère. Mystère de la sélection naturelle : à un moment, dans la mare où ils boivent tous, il y en a un qui boit différemment des autres, qui lappe comme un chien. Celui-là, elle le tue.

Nous sommes arrivés juste au moment où la mère

était en train de le tuer ; notre apparition a fait fuir les renards, nous l'avons récupéré et soigné. Pendant six ou sept ans — j'avais à l'époque six ou sept ans, et jusqu'à l'âge de quatorze ans — il était mon chien à moi.

J'avais une vie simple et saine. Mais déjà j'avais envie de bouger, d'aider ; je ne supportais pas l'inaction : si je n'étais pas au stade, j'étais à l'école ; si je n'étais pas à l'école, je travaillais mon violon ou je faisais mes devoirs. Je crois beaucoup à l'initiative, au "dur désir de durer", comme dit le poète. Je m'efforce de ne pas trop élever mes enfants dans du coton ; j'espère qu'eux aussi rencontreront des obstacles et apprendront à les surmonter. Je ne crois pas au laxisme d'une éducation en couches-culottes qui gaverait comme des oies des enfants conditionnés à la passivité des assistés.

La joie de faire du sport, de courir dans les bois, de jouer du violon, la joie de vivre ne m'a jamais quitté ; elle m'habite plus que jamais dans les affaires. Malheureusement, beaucoup de patrons donnent encore d'eux-mêmes une image morne, morose, triste. Les affaires, ce n'est pas seulement quelques sphinx en costumes trois-pièces grisâtres, attaché-case encore plus grisâtre, et voiture toujours plus grisâtre. C'est aussi le plaisir, le risque, la conquête, l'aventure. Si j'enregistre aujourd'hui un 45 tours pour Perce-Neige, la merveilleuse association créée par Lino Ventura en faveur des enfants handicapés, si je passe chez Bouvard aux "Grosses Têtes", si quelquefois j'anime une émission à la télévision, c'est parce que je ne vois aucune différence entre la rage de vaincre — non pas les autres, mais soi-même et les choses — et la rage de vivre. Celui qui considère le monde de l'entreprise et des affaires comme un long pensum à digérer dans l'ennui se condamne non seulement à échouer, mais aussi à mener une vie bien triste.

A douze ans, j'avais créé mon petit restau du cœur à moi. Tout près de chez nous vivait une vieille dame adorable, très digne, que je croisais régulièrement sur le chemin de l'école. Nous avons fini par faire connaissance et lorsque je n'étais pas trop en retard pour mes cours je m'attardais volontiers à bavarder quelques instants avec elle. Le jour où elle m'a fait comprendre qu'elle ne mangeait pas à sa faim, j'ai été profondément choqué ; c'était la première fois que je voyais de près la vraie misère. J'ai aussitôt fait la tournée des copains de l'école et du stade ; le soir même, j'avais recueilli une petite somme que je suis allé porter fièrement à ma voisine. Elle m'a remercié chaleureusement mais ses yeux restaient tristes et songeurs. Comme je la questionnais maladroitement, elle m'a appris qu'elle était loin d'être la seule dans ce cas ; dans le quartier, de nombreuses personnes âgées ne disposaient même pas du minimum vital et survivaient tant bien que mal.

J'étais bouleversé mais mon perpétuel besoin de bouger et surtout de faire bouger les êtres et les choses m'a poussé à tenter quelque chose. Avec l'aplomb et la belle inconscience qui me caractérisaient déjà, je suis allé trouver le maire du Bourget, un homme ouvert et sympathique, entrepreneur en plomberie de son état. Chaque fois que je pense à lui, j'ai envie de fredonner la chanson d'Yves Montand :

Debout devant le zinc
Sur le coup de dix heures
Un grand plombier zingueur
Habillé en dimanche
Et pourtant c'est lundi...

C'était un jeudi. Le maire, n'en croyant ni ses yeux ni ses oreilles, m'a néanmoins reçu très gentiment et m'a dirigé vers une assistante sociale. C'est ainsi que j'ai obtenu la liste des vieillards nécessiteux du quartier. Ensuite je suis allé voir le directeur de mon école en lui disant : « Écoutez, est-ce qu'on ne pourrait pas s'arranger pour que tous les parents d'élèves donnent quelque chose régulièrement, un paquet de café, un peu de sucre, quelques légumes ? Moi j'irai faire la tournée. » Ainsi fut fait. Presque tous les parents jouèrent le jeu et chaque jeudi matin j'avais un carton plein des denrées les plus diverses à distribuer dans le quartier. Cela a duré ainsi plusieurs années.

J'éprouve toujours une certaine pudeur à parler de ces choses-là car je n'ai aucune intention de m'attribuer un quelconque mérite. Pour moi, contribuer à la victoire de mon équipe de football, aider mes camarades à l'école, sauver un renard blessé ou adoucir le sort d'une vieille dame, tout cela procède de la même démarche. Je n'ai jamais compris les gens qui se fermaient à leur environnement, vivaient en vase clos et thésaurisaient leur affection, quand ils ne la concentraient pas sur leur seul nombril. J'ai toujours trouvé cela grotesque. Je sais bien que personne ne résoudra tous les malheurs du monde ; mais que veut dire le mot bonheur, si autour de soi règnent la misère, la souffrance ou la solitude ? Ce sont des faits auxquels je ne me résignerai jamais.

Tout se passe d'abord dans le cœur, dans la tête, et dans les tripes d'un gosse de quinze ans qui a envie tout simplement de se dépasser, de se surpasser et qui n'accepte pas l'institutionnalisation du mépris, de l'indifférence et de l'ignorance. A partir de là, pour moi, comme pour des tas d'autres personnes qui ont réussi beaucoup mieux que moi encore, tout est possible. Ne laissez jamais votre rage au vestiaire, mais ne la dirigez pas contre vous dans un processus autodestructeur qui ravage hélas ! tellement de jeunes ; ne la dirigez pas contre les moulins à vent de la lutte des classes : orientez-la vers la route qui permet à chacun de respirer plus haut, plus fort ; chercher en chacun sa meilleure part, telle était mon envie, même si à l'époque elle était inconsciente et informulée.

L'inventaire des chances et la fameuse querelle entre l'inné et l'acquis, j'y reviendrai quand je parlerai des patrons et de leur rôle. Moi, je n'ai jamais pensé que je serai un jour ouvrier, pour la simple raison que je ne savais rien faire de mes mains. En cela j'étais un peu aussi le canard sauvage ; mes oncles, mes tantes, mon père, ma mère étaient très habiles, tandis que j'étais le seul à être tout à fait nul dans le domaine des travaux manuels. Donc il ne me traversait pas l'esprit que mon avenir se dessinait à l'usine. Sensation innée ? Sensation acquise ? Je laisse à chacun l'envie et le loisir d'en décider. Je pense que nous avons besoin des deux, de la génétique et de la culture, de ce qui nous est donné et de ce que nous faisons de ce qui nous est donné : de ce point de vue je rejoins totalement Jean-Paul Sartre quand il affirme que la liberté est ce petit supplément que nous restituons, et qui n'existait pas dans ce qui a été donné, de même que dans la fission nucléaire se libère une énergie qui n'existait pas dans la composition de l'atome. C'est ce "x plus" qui m'intéresse en chaque individu, parce qu'il existe en chacun de nous, mais certains passent toute leur vie à ne pas le découvrir, et donc hélas ! à ne pas l'utiliser.

A treize ans, fini le camping, finies les vacances. Il fallait gagner de l'argent, il me fallait aider mes parents et c'était l'époque du B.E.P.C. C'est ainsi que je suis devenu charbonnier, chez Todisco, au Bourget. Encore un apprentissage, et peut-être pas le plus facile. Descendre des sacs de 50 kilos dans les caves, remonter, redescendre, c'était un exercice physique qui en valait bien un autre ; j'ai fait ça pendant trois ans, au moment des vacances, deux mois sur trois. Je donnais l'intégralité de mon salaire à mes parents.

Le hasard a voulu qu'une année — j'avais seize ans et demi — je parte pour Saint-Jean-de-Monts avec des copains. Il y avait là le casino municipal qui portait le beau nom évocateur de "La Pastourelle". Un soir il y avait un radio-crochet, une espèce de gala des amateurs comme il en fleurissait à l'époque et je me suis mis à chanter. Je me souviens : c'était « Mon beau chapeau » de Sacha Distel ; ça a beaucoup plu au patron du casino, un certain Elbiard, comme au public. A la fin de mon "numéro", il est venu me trouver : « Dis donc, petit, si tu veux, tu chantes tous les soirs ici, avec l'orchestre de Lucien Attard, un accordéonniste de génie. » Dorénavant, pendant les vacances, le charbonnier de soute devint chanteur de charme. J'étais le petit Frank Sinatra de Saint-Jean-de-Monts. Vous vous rappelez Charles Aznavour : « Je me voyais déjà en haut de l'affiche... » Je ne me voyais pas si haut, mais tout était possible, puisque j'arrivais à gagner de l'argent en chantant... J'ai continué ! Avec succès : en 1962, sous le nom de Bernard Tapy, j'enregistrai un 45 tours qui comprenait notamment "Passeport pour le soleil", la chanson du film *Les Bérets verts* avec en vedette John Wayne. J'en ai vendu 100 000 exemplaires. Mais le milieu du show-business, je dois l'avouer, ne m'a pas donné envie d'en faire mon métier. Ce n'était décidément pas le chemin que j'avais envie de tracer même si je continue d'adorer la chanson et les grands interprètes.

Voici mon adolescence : il ne fallait déjà pas prendre le canard sauvage que j'étais pour un enfant du Bon Dieu, mais il ne fallait pas non plus le prendre pour ce qu'il n'a jamais été. Quand j'entends les discours sécuritaires bardés de fausses vérités et de vrais mensonges, quand j'entends des propos sur la délinquance dans les grands ensembles, sur l'insécurité des cités, je ne me lasse jamais de répéter que si l'on ne donne pas une occupation, si l'on ne suscite pas non seulement l'intérêt mais aussi la passion, si de surcroît on augmente le taux de frustration de façon exponentielle, il ne faut pas s'étonner ensuite qu'il y ait violence, peur et affrontements, ce cycle infernal qui dès lors s'installe. J'ai été littéralement sauvé par le sport. Celui-ci m'a appris notamment que l'essentiel est de réussir sa vie, et non de réussir dans la vie, et qu'en toutes circonstances les humiliations de l'échec sont moins perverses que la frustration de ne pas essayer. Je répète souvent cela dans les conférences que je donne un peu partout, parce que le plus important pour moi c'est de susciter des vocations et de faire en sorte qu'il n'existe pas quelques Tapie mais dix, cent, trois cents Tapie, de même que Che Guevara voulait un, deux, ou dix Vietnam. Et l'on a beau dire, avec Oscar Wilde, que "l'expérience est une bougie qui n'éclaire que celui qui la porte", elle peut néanmoins susciter, par une alchimie étrange, mystérieuse, de l'exemplarité, aussi objective que le hasard, aussi évidente que la nécessité, un choc, une rencontre, une envie d'agir chez celui qui la voit. Ce livre, encore une fois, n'a d'autre but que de montrer que c'est possible, que c'est jouable, et que cela ne dépend finalement que de chacun de vous.

2.

Ce que tu nommes rêve est réel pour le guerrier

L'armée. Le service militaire rabote, égalise, moutonne, transforme de beaux et braves garçons en robots programmés. C'est du moins ce que prétendent les antimilitaristes et autres contempteurs brevetés du service des armes. Soyons sérieux : ni grandeur ni servitude ici, mais un formidable apprentissage initiatique ; je n'hésite pas à employer ce terme car l'armée, après le stade, a ancré en moi la conviction que ce qui compte en l'homme c'est l'homme lui-même et non pas ses origines sociales, la fortune de son papa ou les cadeaux qu'il a pu obtenir d'un État-providence.

A l'armée, nous revêtons tous le même uniforme, mangeons la même tambouille, partageons la même chambrée et les mêmes corvées. S'il subsiste une différence, c'est celle fondée sur la valeur intrinsèque de chacun. Je me souviens d'un livre de Roger Vailland qui m'avait beaucoup marqué. Il y disait que dans certaines tribus des montagnes d'Afghanistan le soir, autour du feu, chacun avant de raconter son histoire se levait et proclamait : « Je suis Calender, fils de roi et borgne de l'œil droit. » A l'armée, les fils de rois, s'ils existent, on les voit à l'œuvre au combat, puisque c'est aussi une épreuve de vérité. Je me suis très vite rendu compte que j'étais largement aussi à l'aise dans toutes les situations qui se présentaient que bien des jeunes qui ne s'étaient donné que la peine de naître. Savoir se débrouiller, affirmer sa personnalité, avoir le sens de l'initiative, tout cela n'a rien à voir avec le milieu social ou culturel dans lequel on évolue.

Non que je sous-estime les vertus de l'enseignement ou de l'éducation, loin s'en faut ; je voudrais simplement faire comprendre qu'un voile s'est alors déchiré. Le sentiment d'infériorité ancré en beaucoup d'êtres issus des milieux populaires et qu'un anthropologue mexicain décrira sous le nom de « culture de la pauvreté », la conviction que partout et toujours nous devons nous plier aux diktats des corps constitués et épouser leurs convictions, autant de notions qui ont définitivement volé en éclats pendant que j'étais sous les drapeaux.

Je participais bien sûr à tous les exercices mais aussi à toutes les fêtes. Comme à l'école, comme au stade, je me suis vite retrouvé dans le rôle d'un capitaine d'équipe, d'un chef de bande. Je ne manquais jamais l'occasion d'exercer les talents que je sentais naître en moi et je faisais définitivement mienne la phrase qui clôt *Les Mots,* ce magnifique livre de Sartre : « Tout un homme, fait de tous les hommes, et qui les vaut tous et que vaut n'importe qui. » Je ne m'estimais évidemment pas supérieur aux autres pour autant — c'eût été grotesque — mais je comprenais que rien ne m'était interdit.

Le service militaire a été une période charnière dans ma vie. La différence fondamentale entre ce que j'appelais les globules rouges et les globules blancs était enfin abolie. Les globules rouges, c'étaient mes petits camarades de l'École d'ingénieurs où j'avais étudié avant de revêtir l'uniforme de l'École d'électricité industrielle de Paris.

Les futurs cadres portaient des costumes bien taillés, des chaussures à la dernière mode, ce qui ne nous empêchait pas de fréquenter les mêmes bistrots de Saint-Germain et de fraterniser autour des mêmes tables. Mais moi j'avais sur le dos un manteau « made in Aubervilliers ». Et croyez-moi, quand on est môme, un manteau bien coupé, cela vous change la vie.

La conscience des symboles n'attend pas le nombre des années. En quittant l'armée, j'avais cessé de croire que les rôles étaient distribués une fois pour toutes, que j'allais être un globule blanc pour l'éternité et que c'était là l'ordre normal des choses, « la nature étant ce qu'elle est et le monde ce qu'il est », comme le disait déjà un certain général.

Quoi qu'il en soit, il faut longtemps pour faire un homme, longtemps pour faire une femme. C'est à cette époque aussi que j'ai compris que le destin, le fameux "mektoub" des Orientaux, était surtout une superbe et effroyable machine à résignation. J'étais fermement décidé à ne pas tomber dans le piège de la passivité puisque, en découvrant les autres, tondus de frais et sanglés dans le même uniforme, je m'étais du même coup découvert moi-même. J'avais entrevu le champ de mes possibilités et j'allais désormais travailler à élargir au maximum mon univers et m'employer à rechercher des limites dont je savais désormais qu'elles étaient plus éloignées que je ne l'imaginais.

Tout a commencé de manière plutôt banale. J'avais terminé mes études à l'École d'ingénieur et j'étais à trois mois de mon incorporation au 93e régiment d'infanterie. Ce jour-là, je me trouvais seul dans l'appartement de mes parents ; on frappe à la porte. Je vais ouvrir et me trouve face à un jeune homme à peine plus âgé que moi. L'air pas vraiment à l'aise, il se dandine d'un pied sur l'autre, sans rien dire, puis finit par lâcher précipitamment :

— Voilà, monsieur, est-ce que vous avez un téléviseur ?

— Non.

— Est-ce que je peux vous en installer un ?

— Vous savez, nous n'envisageons pas ce genre d'achat pour le moment.

— Mais je peux vous prêter gratuitement un appareil pour quelques jours.

Moi, j'ai déjà la tête ailleurs. Je réponds par une autre question.

— C'est votre métier, vendeur de téléviseurs ?

— Oui, fait mon interlocuteur.

Le ton n'est pas à proprement parler enthousiaste. Aujourd'hui, la présence du petit écran est aussi fréquente, sinon aussi indispensable dans les foyers français que celle du réfrigérateur ou de la machine à laver. Mais à l'époque, au début des années 60, 200 000 téléviseurs seulement étaient en fonctionnement dans le pays.

J'insiste.

— Mais alors, ça doit marcher formidablement bien, si vous les prêtez gratuitement ?

Mon visiteur promène autour de lui un regard désabusé.

— Eh bien non ! Ça ne marche pas du tout. J'ai dix postes dans mon camion et je n'ai réussi à en placer que deux depuis le début de la semaine.

— Comment ? Si c'est gratuit, vous devez vous y prendre comme un pied !

— Je ne sais pas, peut-être, mais les gens sont terriblement méfiants.

Je n'arrivais pas à y croire.

— Est-ce que je peux vous accompagner dans votre tournée ?

Sûr de mon fait, j'ai pourtant dû déchanter. La méfiance l'emportait sur mes arguments. Et c'est ainsi que sans le savoir j'ai fait ma première expérience de marketing. Après réflexion, je décidais de m'y prendre tout autrement.

Je sonne à une nouvelle porte.

Le battant s'ouvre à demi. Apparaît une dame d'une quarantaine d'années. L'accueil n'est pas franchement cordial mais pas hostile non plus. Je me lance.

— Bonjour, madame. Nous représentons un organisme de sondages. Nous aimerions connaître votre avis sur les programmes qu'offre la télévision française en ce moment.

Les yeux de la dame s'arrondissent de surprise.

— Je vous aiderais volontiers mais nous n'avons pas la télévision.

— Nous avons prévu cette éventualité. Notre organisme vous prête un téléviseur pendant une semaine, ainsi vous pourrez regarder les programmes à loisir. Dans huit jours nous repasserons vous voir ; vous nous donnerez vos impressions, celles de votre mari, de vos enfants...

— Mais, monsieur, c'est gratuit ?

— Tout à fait gratuit, madame. Et cela ne vous engage strictement à rien.

Grâce à cette méthode, à la fin de la journée j'avais casé tous les téléviseurs, l'objectif étant bien entendu qu'une semaine plus tard les utilisateurs n'aient plus envie de s'en séparer et s'en rendent acquéreurs.

Plus tard, j'ai appris que mon copain vendeur était allé trouver son patron en lui disant qu'il avait rencontré un type pas possible qui plaçait les téléviseurs presque aussi vite qu'on appose des autocollants sur des pare-brise de voitures.

Le surlendemain c'était le patron qui frappait à ma porte pour me dire tout à trac :

— Qu'est-ce que vous faites dans la vie ? Je vous engage.

— Vous savez, je pars pour l'armée dans trois mois.

— Pas de problème. Venez travailler avec moi en attendant.

C'est ainsi que j'ai vendu des téléviseurs pendant quelques mois. J'arrivais à gagner 500 francs par jour, une jolie somme pour l'époque.

Le porte à porte est une école passionnante, tout à fait extraordinaire. Un coup de sonnette, une porte s'ouvre et vous vous retrouvez dans un décor inconnu, en présence de visages inconnus. Il faut réagir très vite, quasi instantanément, embrasser d'un seul regard cet espace nouveau et improviser en fonction de tout ce que l'œil peut capter, cerner en quelques secondes la personnalité de son interlocuteur. Un vaniteux sera sensible à la flatterie, un timide aura besoin d'être rassuré, un orgueilleux sera ravi si vous réussissez à propulser son ego plus haut que le Kilimandjaro. L'environnement et surtout la manière dont les gens évoluent dans leur cadre de vie jouent un rôle tout aussi déterminant. Enregistrez le maximum de détails et vous saurez très vite si vous êtes chez des sportifs ou chez des intellectuels, chez des fanatiques du bricolage ou chez des amateurs d'art. Ce n'est pas la peine de parler du match de football de la veille à un homme qui promène une bedaine impressionnante dans un salon dont trois murs sur quatre sont tapissés de livres. Observez bien le comportement de l'autre envers sa femme ou ses enfants s'ils sont là. Inutile de passer la main dans les cheveux du petit dernier en vous exclamant : « Ah ! comme il est gentil votre petit garçon » si le père n'en a de toute évidence strictement rien à faire.

Bref, il faut essayer de dire aux gens ce qu'ils ont envie d'entendre, mais sans jamais leur mentir. Les faire rire, raconter des anecdotes : à chacun d'improviser selon son tempérament. Mais en tout état de cause, n'oubliez jamais que vous n'avez que cinq minutes pour convaincre et faire vos preuves, dix minutes dans le meilleur des cas. Chaque instant compte, la moindre erreur est fatale. C'est là que j'ai eu pour la première fois la révélation de la formule des "trois vingt" sur laquelle je reviendrai plus longuement par la suite : les vingt centimètres du visage, les vingt premières paroles, et les vingt premières secondes.

L'argumentation de vente n'est en fait rien d'autre qu'un langage qui doit s'orienter dans le sens de ce que votre interlocuteur a envie d'entendre. Que font d'ailleurs les hommes politiques ? Ils adoptent exactement la même démarche. Quand ils sont face au public, ils essaient toujours de le caresser dans le sens du poil.

Quand je veux vendre un produit, j'y mets toute ma force de conviction, toute ma volonté, toute mon âme. Mais quand je parle de valeurs ou d'éthique, je n'hésite jamais à aller à contre-courant.

Le porte à porte, ou la vente directe, ne procède

évidemment pas de la même démarche que la vente au niveau d'une société disposant des techniques les plus sophistiquées du marketing et de la publicité. Quelquefois, pourtant, les deux méthodes se rejoignent. Mais à l'époque je me livrais au pur plaisir de la découverte de l'autre. Plaisir, oui, il s'agissait bien de cela. Au fond de moi je découvrais une formidable envie de contact, de communication et d'échange qui se situait dans le droit fil de ce que j'avais connu avec mes copains du stade. Car, encore une fois, quel était l'enjeu là aussi ? Gagner, tout simplement. Seulement je ne courais plus après un ballon, je ne tentais pas d'être le plus rapide au cent mètres papillon ou le plus agile à la barre fixe. Ici j'avais quelque chose à vendre, il me fallait convaincre une femme, un homme, une famille, d'acheter un bien ou un service dont ils n'étaient pas tellement sûrs d'avoir besoin. C'était une aventure fabuleuse sans cesse renouvelée, une adaptation permanente à une réalité toujours changeante, l'apprentissage de la souplesse, de la rapidité, de la mobilité, toutes qualités que doit acquérir le guerrier comme l'homme d'affaires.

Quand on parle aujourd'hui de la crise et que l'on glose à perte de vue sur ses origines, ses vicissitudes et ses conséquences, il me vient toujours un petit sourire au coin des lèvres : la crise, j'y suis né, j'ai grandi dedans. L'expansion, le fameux envol de la France, c'était pour les autres ; moi, depuis mon petit trou de l'avenue Baudouin, je n'en avais même pas conscience. Et très vite il a fallu se battre, gagner de l'argent, et cette manière de se battre en vendant, c'est-à-dire en séduisant, en captant l'attention des autres par des paroles, des gestes, des sourires, en un mot par le charme, est quelque chose qui provoquait en moi, je l'avoue, une joie indicible, que j'ai toujours conservée.

J'ai lu récemment le fameux *Traité des Cinq Anneaux,* d'un Japonais du XVIe siècle, le Samouraï Myamoto Musachi. Né en 1584, il était l'un des guerriers les plus célèbres de son temps, l'un des plus redoutables aussi. A trente ans, il avait gagné plus de soixante tournois en tuant tous ses opposants. C'est cinq semaines seulement avant sa mort, en 1645, qu'il a achevé la rédaction de l'admirable *Traité.* Véritable guide de stratégie, il foisonne d'enseignements. Qu'il ait été présenté aux États-Unis comme une sorte de bible à l'usage des hommes d'affaires occidentaux désireux de traiter avec les Japonais n'a rien d'étonnant.

Je me bornerai à énumérer les neuf principes qui fondent la pensée de Musachi :

— éviter toutes pensées perverses ;
— se forger dans la voie en pratiquant soi-même ;
— embrasser tous les arts et non se borner à un seul ;
— connaître la voie de chaque métier, et non se borner à celui que l'on exerce soi-même ;
— savoir distinguer les avantages et les inconvénients de chaque chose ;

— en toutes choses, s'habituer au jugement intuitif ;
— connaître d'instinct ce que l'on ne voit pas ;
— prêter attention au moindre détail ;
— ne rien faire d'inutile.

Ces règles d'or, j'ai essayé de les appliquer dans tout ce que j'ai fait. *Les pensées perverses* sont source de perte de temps et d'énergie. Dans le domaine des affaires, l'objectif n'est pas de tuer. J'ai toujours fait en sorte que les actionnaires d'une société que je reprenais puissent garder un certain pourcentage d'actions. Les anciens propriétaires de Terraillon ont gardé 18 % des actions ; l'affaire avait plus de dettes que d'actifs ; aujourd'hui, je leur ai racheté ces 18 % pour 10 millions...

Dans le monde des affaires, dans le monde du travail en général, comme dans celui des relations sociales, l'essentiel n'est pas de tuer l'adversaire, mais de le faire bouger. C'est un syndicaliste qui m'a dit cela un jour et je ne l'ai jamais oublié. Réfléchir, oui. Ruser, oui. Essayer de faire du mal, par pur machiavélisme, non. La vente est un acte de reconnaissance, pas une perversion sadomasochiste.

Se forger dans la voie en pratiquant soi-même : ceux qui ont assisté à ce fameux "show" du Palais des Congrès se souviendront peut-être du vidéo-clip d'introduction où l'on me présentait dans le cadre de mes activités. 10 000 étudiants m'ont applaudi à tout rompre au volant de ma Porsche, aux commandes de mon Jet, à bicyclette, en salle de gymnastique.

Que l'on ne se méprenne pourtant pas sur le sens de cette ovation : ces jeunes gens n'étaient pas impressionnés par mon avion mais par le fait que je savais le piloter et que ce n'était pas pour moi un luxe mais un moyen d'être plus efficace en gérant encore mieux mon temps.

La vertu de l'exemplarité est certainement l'une des vertus cardinales. Montrer que l'on est capable de réaliser des choses, et de les réaliser bien, vaudra toujours mieux que les plus beaux discours.

Embrasser tous les arts : bien sûr. Je suis un homme d'affaires, mais cela ne m'empêche pas de me passionner pour les meubles anciens par exemple. Chaque fois que j'en ai l'occasion, je visite les salles de ventes et si une belle tentation se présente, je succombe. Je suis tellement heureux de pouvoir jouir des œuvres de ces merveilleux ébénistes du XVIIIe ou du XIXe siècle, tel Leleu, Weissweller ou les tableaux des impressionnistes.

En toutes choses, s'habituer au *jugement intuitif :* à cet égard, je n'insisterai jamais assez sur le rôle de ma femme, Dominique. Prétendre que le sens de l'intuition est beaucoup plus développé chez les femmes que chez les hommes est un lieu commun ; il n'en est pas dénué de fondement pour autant ; très souvent, au moment du choix, ma femme est là qui jauge, qui juge, qui émet un avis dont je tiens compte ; il m'est rarement arrivé de le regretter. De l'intuition, j'en ai bien sûr aussi ; elle est fondamentale dans mon métier. C'est au cours des séances de porte à porte de ma jeunesse que j'ai pris conscience de l'importance de cette qualité et que j'ai appris à l'aiguiser et à en jouer.

Connaître d'instinct ce que l'on ne voit pas. Primordial, l'instinct. En affaires comme dans les arts martiaux, l'essentiel n'est pas seulement de parer les coups mais aussi de les prévoir. Lors des négociations pour le rachat de “Wonder”, la reprise de “Saft” ou l'acquisition de “la Vie Claire”, il a fallu — et je reviendrai là-dessus — apprécier et appréhender le non-dit, l'objet caché de la tapisserie, le fil rouge du tableau : il n'est point besoin d'avoir lu les œuvres complètes de Freud pour savoir que l'inconscient et les motivations fantasmatiques jouent un rôle capital dans le commerce entre les humains, et partant dans toute stratégie de négociation.

Prêter attention au moindre détail : chaque fois que j'ai connu des échecs, je les ai analysés et je me suis toujours aperçu, avec le recul, que j'avais négligé un aspect essentiel du problème parce qu'il m'était apparu alors comme mineur. Ce n'est que plus tard, trop tard, que j'en ai mesuré toute l'importance. En affaires comme en amour, comme dans le sport, il n'est aucun détail que l'on peut laisser passer sous prétexte qu'il n'est pas important. Un écrivain que j'aime aussi l'a fort bien dit : « Rien n'est sérieux, tout est important ». Car s'il ne faut surtout pas se prendre au sérieux, il ne faut pas non plus laisser traîner de la poussière sur des chefs-d'œuvre, ni permettre à un cheveu de dépasser d'un paquet bien fait ou à des pellicules de parsemer le col de sa veste. Le détail, c'est fondamental.

Enfin, *ne rien faire d'inutile.* Là, il convient de définir d'abord le concept d'inutilité. Car il existe des gratuités très utiles alors que certaines dépenses d'énergie peuvent être pur gaspillage. Ne rien faire d'inutile est un précepte qui rejoint en fait le premier commandement de Musachi : éviter toutes pensées perverses, c'est-à-dire ne pas perdre son temps à des choses qui n'en valent pas la peine, pour vous bien sûr, pour chacun d'entre nous. Car ce qui est inutile pour l'un peut être essentiel pour l'autre. Une perte de temps pour l'un peut être du temps gagné pour l'autre. Il suffit de bien se connaître. Mais une fois que l'on se connaît — et cela prend du temps même si l'apprentissage commence tôt — on peut suivre Myamoto Musachi.

3.

Cette arme absolue : l'injustice

Les échecs — surtout s'ils surviennent assez tôt — forment le guerrier. La rumeur a trop vite fait de faire peser sur l'entrepreneur les quelques mécomptes que tout être qui prend des risques connaît à un quelconque moment de sa vie... Je tiens le droit à l'échec pour fondamental : il permet aux personnes lucides, à l'âme bien trempée, de rebondir et d'aller plus loin.

Après un certain nombre de succès dans la vente, et un séjour chez Panhard — mon amour immodéré pour les formules 3 en était la cause — je fondai une association de défense des consommateurs, le “Cercle bleu”, qui connut un certain succès ; puis j'entrai comme ingénieur-conseil d'une société où un homme contribua beaucoup — à divers titres — à ma formation : Marcel Loichot, l'un des inventeurs de la “participation” chère au général de Gaulle.

L'activité de conseil était passionnante, puisqu'elle me permit de connaître de l'intérieur le monde de l'entreprise sous toutes ses formes et ses physionomies : patronale, syndicale, encadrement, etc. C'est là où j'acquis l'essentiel de mes connaissances, qui allaient m'être fort utiles à partir de 1977. Mais je n'avais pas attendu cette date pour avoir envie de sauter le pas : à force de conseiller les autres et de leur montrer où le bât blessait dans leurs sociétés, il me fallait prouver à mon tour ce dont j'étais capable.

Rien de plus frustrant que de voir ce qui ne va pas et d'expliquer ce qu'il faudrait faire à un patron ou un décideur qui n'en fera finalement qu'à sa tête; chacun sait, depuis l'Antiquité, que les roitelets n'apprécient pas particulièrement les porteurs de mauvaises nouvelles ou ceux qui ne caressent pas dans le sens du poil. Au bout de quelque temps, je me persuadai du fait que la meilleure manière de prouver la justesse de mes diagnostics était de bâtir à mon tour, comme j'en avais envie...

J'ai beaucoup appris avec l'échec du “Grand Dépôt”. Il s'agissait d'une société de distribution de produits grand public dans le cadre de l'association de consommateurs que j'avais créée et dont Marcel Loichot était l'actionnaire majoritaire. Étant salarié, responsable de droit de la société et bien qu'actionnaire minoritaire, je ne pouvais qu'appliquer la stratégie de celui qui était le dirigeant de fait. Je préfère par pudeur ne pas décrire l'état dans lequel je me trouvais lorsque celui-ci me déclara qu'il n'entendait plus financer les besoins en fonds propres justifiés par une croissance trop rapide de l'entreprise.

Pourtant, il s'agissait là de ce qu'on appelle une toute petite faillite : 1 200 000 francs de passif au total pour un actif supérieur à 2 millions de francs. Après bien des péripéties, Marcel Loichot contraignit le conseil d'administration à déposer son bilan ; n'étant pas administrateur lui-même, il pensait être à l'abri des conséquences désastreuses que peut entraîner la faillite d'une société.

J'ai vécu là les mystérieuses et invraisemblables négociations d'actifs malheureusement trop couramment pratiquées par certains mandataires de justice. Que l'on en juge : le droit au bail du "Grand Dépôt", payé un an et demi plus tôt 1 200 000 francs, auxquels il convient d'ajouter plus de 500 000 francs de travaux de rénovation du magasin, a été "vendu" 200 000 francs ! 1 million de francs d'appareils neufs, encore dans leurs cartons d'origine, bradés à 100 000 francs, etc. J'avais à l'époque vingt-cinq ans et une méconnaissance totale des lois relatives aux procédures collectives ; et surtout, je n'étais rien ni personne à côté de mon illustre "associé".

Et c'est ainsi que pour moi les ennuis ont commencé, qui auraient pu finir tragiquement. Non seulement le "Grand Dépôt" connaissait l'infamie de la faillite, mais en tant que dirigeant de droit, j'allais faire l'objet de sévères poursuites judiciaires, des enquêtes des brigades financières ayant démontré que j'avais procédé à des détournements d'actifs, contribuant ainsi à sa déconfiture. Je me voyais donc sujet à l'application de l'article 99 qui consiste à attribuer la responsabilité des dettes de l'entreprise aux dirigeants de fait et de droit concernés. J'avais en effet commis une faute impardonnable en demandant à deux menuisiers, salariés de l'entreprise, d'installer à mon domicile personnel quelques meubles de cuisine ! En y regardant de plus près, les super-Sherlock Holmes de la brigade financière, au bout de six mois d'enquête et de soixante interrogatoires serrés de différents témoins, avaient découvert aussi que le gardien du “Grand Dépôt” était de temps en temps utilisé à faire du jardinage dans ma maison personnelle ; cela méritait bien une condamnation en première instance à trois mois de prison avec sursis à la déchéance intégrale de tous mes droits civiques et à l'interdiction à jamais de pouvoir diriger une entreprise !!! J'avais vingt-cinq ans...

Mon utilisation terrifiante de quelques menuisiers et jardiniers du “Grand Dépôt” a dû constituer moins de 2 millions de centimes de préjudice pour la société. Depuis, j'ai repris une quarantaine de sociétés en faillite ; leurs dettes s'échelonnaient de 5 milliards à 50 milliards de centimes. Par charité chrétienne, je ne citerai pas le montant des détournements, des abus de biens sociaux commis dans certaines sociétés que j'ai reprises. Aucune enquête n'a jamais été entreprise, aucun dirigeant n'a jamais été poursuivi. Moralité : si vous voulez vous offrir une faillite en toute impunité, attendez d'être notable et surtout qu'elle soit bien importante...

Sous le choc et l'émotion d'un tel jugement, je me

rendis avec ma femme voir mon "associé", Marcel Loichot, en vacances dans sa propriété de Cannes et apparemment peu perturbé par les événements pour savoir ce qu'il entendait faire puisque tout de même le Tribunal n'avait pu faire autrement que de nous condamner solidairement au paiement des dettes. Il eut cette phrase merveilleuse : « Ma notoriété est aujourd'hui acquise, je suis chevalier de la Légion d'honneur, je ne donnerai pas un centime. » Je n'ai pas honte de l'avouer, mon retour en voiture sur Paris a été un véritable cauchemar ; je pleurais sans arrêt car le ciel venait de me tomber sur la tête. Dans les jours qui ont suivi, mon écœurement a failli me faire commettre l'irréparable : me rendre insolvable et me laisser mettre en liquidation personnelle avec tout ce que cela pouvait entraîner comme conséquences.

Le destin m'a fait alors rencontrer une petite bonne femme merveilleuse : Maître Lascar. Elle me fit comprendre qu'on ne peut aliéner à vie ses droits civiques dès l'âge de vingt-cinq ans pour une histoire pareille. J'ai donc, sur ses conseils, hypothéqué mon seul bien du moment, ma maison de Cormeilles-en-Parisis, pour payer l'intégralité des dettes de la société. Je serai toujours reconnaissant à cette avocate d'avoir su préserver intactes toutes mes chances d'avenir. Ce que Maître Lascar ne savait sûrement pas à l'époque c'est combien de temps on m'accrocherait cette casserole.

Or, ayant payé l'intégralité des dettes, il me semble que cette malheureuse expérience aurait dû au contraire constituer plutôt un élément de jugement positif car c'est à la manière dont les individus se comportent dans l'adversité qu'on devrait les apprécier. Paradoxalement, l'affaire du "Grand Dépôt" a renforcé en moi le désir de vaincre, et pendant tout ce temps je n'ai heureusement jamais connu le doute.

Pour moi le doute entraîne le sentiment de culpabilité, qui a son tour provoque forcément la résignation et le découragement. J'ai été très frappé par une phrase de Gramsci que j'ai lue quelque part : « Le pessimisme de l'intelligence, l'optimisme de l'action. » Cela pourrait être ma devise.

***

Ce que l'on a appelé "l'affaire des châteaux de Bokassa" a commencé de la manière la plus anodine qui soit. Ma femme s'était liée d'amitié avec Thérèse Houphouët-Boigny, l'épouse du Président de la République de Côte-d'Ivoire, qu'elle avait rencontrée lors d'une cure à Eugénie-les-Bains, chez Michel Guérard. Peu de temps après, Madame Houphouët-Boigny me demande de me rendre dans son pays pour la conseiller dans une affaire personnelle. Le hasard a voulu que mon voyage coïncide exactement avec le coup d'État en Centrafrique, le renversement de l'"empereur" Bokassa et son "exil" en Côte-d'Ivoire, à Cocody, dans un palais entouré de 300 hommes en armes, avec interdiction formelle de voir qui que ce soit. Je suis dans l'avion avec trois de mes collaborateurs, et je tombe sur une série d'articles dans *Le Monde*.

Le premier de ces articles fait état d'un sondage qui, fait unique, révèle que 98 % des Français sont d'accord dans leur appréciation d'un scandale concernant Bokassa. Il faut se remémorer le contexte : on venait d'apprendre qu'il avait fait tirer dans la foule, fait tuer des étudiants ; et puis les pitreries, "l'empire" et la complicité totale de tous les pays occidentaux qui, par lâcheté et par intérêt, l'encourageaient dans sa mégalomanie et son délire. C'était ça le règne de Bokassa : un pays en ruine, un peuple affamé. Il incarne donc à ce moment-là, pour la France entière, pour le monde entier, l'horreur absolue. Le consensus dégagé par le sondage porte sur le fait que 98 % des Français estiment scandaleux que Bokassa garde la propriété de ses châteaux en France : tout le monde sait — comment pourrait-il en être autrement — qu'en étant adjudant de carrière il n'aurait pu s'acheter manoirs, maisons et Rolls, si ce n'est avec les subventions énormes fournies par le contribuable français à ce modèle de démocratie qu'était, à l'époque, la République Centrafricaine...

Le deuxième article fait état de toutes les déclarations des partis politiques de l'époque ; que ce soit le P.S., le R.P.R., le Parti communiste, tout le monde crie au scandale. Le R.P.R. propose même qu'un texte de loi soit déposé à l'Assemblée nationale en vue de nationaliser les biens français de Bokassa.

Donc il y a unanimité, même si à l'époque le pouvoir fait silence sur cette affaire.

Mais je lis également un troisième article, plein de bon sens, et qui dit à peu près ceci : « Vous pouvez toujours crier ce que vous voulez, le droit de propriété en France est sacré, les châteaux de Bokassa lui appartiennent, et il les gardera. » Ces trois papiers m'inspirent immédiatement une réaction qui est, je l'espère, celle qu'auraient les 98 % de Français — je me demande d'ailleurs qui étaient les 2 % qui n'étaient pas d'accord ? Probablement des copains de chasse... — « Ce salopard, si on pouvait lui piquer ses châteaux ! »

Et ce qui fit "tilt" dans mon esprit, c'est que je me découvre en situation de les lui prendre.

Et c'est ainsi que le président Houphouët-Boigny, satisfait du travail que j'ai accompli, et qui me demande ce qui me ferait plaisir, accepte de me faire rencontrer Bokassa. Et je rencontre "l'empereur" entre deux cuites ; j'arrive à le convaincre que ses châteaux vont être nationalisés, qu'il faut qu'il me les vende avant la décision, que le peu qu'il récupérera sera toujours ça de pris pour lui. Je n'ai pas beaucoup de difficultés à trouver les arguments pour le convaincre ; je fais donc venir un notaire... d'Angoulême, à qui on avait fait appel quelques jours plus tôt pour une autre affaire, à qui on demande donc de nous rejoindre en Côte-d'Ivoire. Ce cher Maître Laffont ne sachant pas pourquoi il venait, se fait une fête de ce voyage. Imaginez sa tête lorsque, moins d'une heure après avoir posé le pied sur le sol ivoirien, il se retrouve en face de Bokassa, l'empereur déchu, et me dit, passablement inquiet : « Mais qu'est-ce qu'on fait ? Qu'est-ce qui va se passer ? » Je lui réponds : « Rien. Vous vous arrangez simplement pour mettre en conformité les accords que nous allons prendre. » Ces accords sont les suivants : j'achète à Bokassa, pour 10 % de leur valeur, ses châteaux, et je m'engage à verser l'intégralité de la différence, dans une vente publique, à l'U.N.I.C.E.F. A partir de cet instant, l'accord étant signé (il s'agit d'une promesse de vente qui doit être régularisée dès mon retour en France, les actes notariés étant enregistrés par le notaire personnel d'Houphouët-Boigny, en Côte-d'Ivoire), je me rends, avec l'ambassadeur de Côte-d'Ivoire aux États-Unis, à New York où je rencontre M. Henry Labouisse, alors directeur général de l'exécutif de l'O.N.U., pour le compte de l'U.N.I.C.E.F. ; des accords sont passés officiellement, en vertu desquels je m'engage, en faisant l'inventaire des biens, à procéder à une vente aux enchères dont le montant sera entièrement versé à l'U.N.I.C.E.F. Tout le monde est content de cette opération, aussi satisfaisante du point de vue de la logique que de la morale. De New York, je fais nommer un administrateur provisoire, Maître Gondre, qui fera, avec des experts et des huissiers, l'inventaire des biens, et qui fera poser les scellés de manière qu'aucune contestation ne soit possible ni sur le contenu ni sur le contenant...

Deux événements imprévus vont transformer en drame cette opération à la Bibi-Fricotin, comme l'avait appelée, en première page, le *New York Times,* saluant ainsi le fait de prendre à César ce qui ne lui appartient pas...

Premier événement : l'affaire des diamants, qui sera catastrophique dans la mesure où les fonctionnaires de l'Élysée, affolés, vont prendre contact avec Houphouët-Boigny, pour demander des éclaircissements : « Qu'est-ce que c'est que cette histoire, qu'est-ce que c'est que ce Tapie ? On n'a jamais entendu parler de lui. » Et le président ivoirien répond : « Je ne suis pas au courant. » Peut-être que les vraies raisons pour lesquelles je suis allé en Côte-d'Ivoire ne pouvaient pas être données... Il se contente de répondre : « C'est une affaire dont s'occupait ma femme. » Évidemment, on imagine mal un homme seul, sans l'accord d'Houphouët-Boigny, passer au travers des 300 gardes en armes afin de rencontrer Bokassa trois jours de suite, puis utiliser le notaire personnel d'Houphouët-Boigny...

Alors le doute s'installe. Et la suspicion. Beaucoup de gens bien intentionnés vont faire le lien entre les deux affaires : ils vont croire que l'affaire des châteaux de Bokassa et l'affaire des diamants sont étroitement liées ! Et lorsque je rencontre un responsable, à l'Élysée, qui me demande d'annuler immédiatement tous les actes qui ont été signés, je comprends d'abord qu'on ne veut surtout pas nuire à M. Bokassa et qu'ensuite on me fait tout simplement du chantage. Si on m'avait dit : « M. Tapie, laissez tomber cette histoire, elle ne tient pas debout, cela va vous entraîner dans des ennuis aussi gratuits qu'inutiles », peut-être aurais-je effectivement laissé tomber. Mais à partir du moment où on m'a dit : « C'est ça ou vous allez voir ce que vous allez voir », j'ai voulu voir, et j'ai vu.

J'ai vu : l'arrivée des douanes et du fisc ; des présidents de banques nationalisées affirmer ne plus jamais accepter de travailler avec moi ; j'ai vu circuler une fiche rédigée par des inspecteurs des renseignements généraux, qui faisait état de pas moins de dix-sept condamnations, de trente-deux faillites, de chèques sans provisions ! Ils étaient tellement pressés de constituer cette fiche qu'ils m'ont accusé d'avoir signé des chèques sans provision l'année de mes treize ans ! Ils n'avaient même pas pris la précaution de mettre les bonnes dates. Cette fiche, je l'ai vue circuler encore récemment, ce qui prouve qu'elle existe toujours, une fiche qui faisait de moi un noir corbeau. Et bien entendu une presse... attentive. *Le Figaro* titrait : « La face cachée du mécène ». Dans cet article j'étais tout simplement qualifié d'escroc. Et, pour couronner le tout, on ressort une affaire de publicité soi-disant mensongère qui dormait depuis des années dans le placard d'un juge d'instruction qui ne trouvait désespérément rien à me reprocher : l'affaire, c'était "Cœur-Assistance"...

Deuxième événement : la grande Catherine, l'impératrice, la femme de Bokassa, tombe malade. Dépression nerveuse. Cela peut se comprendre. Elle est hospitalisée dans une clinique de Neuilly. Là, elle reçoit la visite de René Journiac, alors responsable des affaires africaines à l'Élysée. Catherine lui dit :

« Vous ne croyez pas que ça suffit comme ça ? Vous ne pensez pas que vous nous en avez assez fait ? Était-il nécessaire en plus de nous prendre nos biens ? » Et Journiac répond, la main sur le cœur : « Nous ? On ne vous les a jamais pris ! » Aussitôt, Catherine téléphone à Bokassa pour l'informer de la bonne nouvelle. « Papa — elle l'appelle Papa — j'ai une bonne nouvelle : l'Élysée n'a pas l'intention de faire saisir tes biens ! » Bokassa est content ; il m'appelle : « Tapie, on peut tout annuler, j'ai la tranquillité, on ne va pas nationaliser mes biens. » Je lui réponds : « Papa Bok, trop tard ; moi je savais qu'on ne pouvait pas te les prendre officiellement, et c'est pour ça que je l'ai fait ! » A partir de ce moment-là je n'ai pas seulement l'Élysée contre moi, mais aussi la République Centrafricaine et Houphouët-Boigny, qui a un sens inné de l'hospitalité, qui est un vieil Africain sage, et qui dès lors ne peut accepter l'idée que Bokassa ait été trompé, même s'il a des torts, même s'il s'agit d'un criminel, et je me retrouve, moi, Bibi-Fricotin, avec les hommes de Bok qui me coursent pour me faire la peau, les avocats d'Houphouët-Boigny qui me traînent en justice pour fraudes et extorsion de contrat, alléguant que je l'avais menacé et que moi, Tapie, tout seul, je l'ai contraint, lui, papa Bok, entouré de 300 militaires, à signer un acte de vente ! Et l'Élysée lâche les chiens. C'est une vieille tradition : les seigneurs envoyaient les chiens, maintenant on envoie les contrôleurs du fisc. C'est la même chose. Sauf que les chiens n'avaient pas tous la rage...

Nous avons été condamnés à l'annulation, à des dommages et intérêts, par le tribunal d'Abidjan ; et quand nous avons voulu faire appel, dans ce pays libre, démocratique, où la justice règne, pas un seul huissier n'a accepté d'enregistrer notre demande ! Appel impossible... De plus, j'ai eu droit à l'image la plus pourrie qui soit, à une fiche de renseignements ignoble qui m'a suivie pendant des années, pour avoir voulu m'occuper de ce qui ne me regardait pas.

Voilà comment 98 % des Français ont eu tort de penser qu'un homme qui a tué des enfants, qui s'est enrichi en pillant son pays, ne devait pas continuer à couler des jours heureux, en toute impunité.

Si une pareille occasion se représentait demain — notamment pour une affaire d'otages à libérer — je referais la même chose. Mais aujourd'hui, si l'Élysée m'appelle pour me dire : « C'est ça ou vous allez voir ce que vous allez voir », je leur répondrai : « J'en ai autant à votre service. » Car à partir du moment où les représentants de mon pays peuvent être concernés par une affaire de cette importance, j'estimerais qu'il est de mon devoir de les informer, et de leur demander leur avis avant d'agir. Je ne peux discréditer l'État français et ses composantes pour une impulsion personnelle. J'ai appris à peser le pour et le contre et il est évident que si je suis prêt, aujourd'hui comme hier, à agir, je m'y prendrais autrement.

Mais pourquoi cette campagne contre moi, menée avec un tel acharnement ? Les inquisitions du fisc, les fausses fiches de renseignements généraux, la campagne de presse, tout cela n'avait qu'un seul objectif : me discréditer par avance pour ce que j'aurais été amené à dire éventuellement sur l'affaire des diamants... Ça n'avait pas d'autre objectif. Efforts inutiles : j'ignorais totalement cette histoire, je n'ai jamais prononcé le mot "diamant" avec Bokassa ni avec Houphouët-Boigny ni personne d'autre pour une raison simple : quand j'étais en Côte-d'Ivoire, elle n'existait pas encore. Toutes ces opérations n'ont été menées que pour parer un coup qui n'existait pas !

La coïncidence tout à fait fortuite des deux affaires faisait qu'il fallait absolument démontrer que j'étais un menteur, un faussaire, à qui l'on ne pouvait faire confiance... D'où la résurrection de l'affaire "Cœur-Assistance".

***

La création de "Cœur-Assistance" est liée à un événement dramatique qui m'a touché de très près : la mort de mon oncle, que rien ne laissait prévoir. C'était un homme encore jeune, quarante-sept ans, sportif, dynamique, débordant de vie.

On me raconte qu'il avait eu des douleurs un samedi — et le médecin, appelé en consultation avait dit : il faudra faire faire un électrocardiogramme lundi. Il était alors trois heures de l'après-midi : à onze heures, le soir même, mon oncle mourait.

Refusant de prendre en considération le commentaire du style "c'est comme ça parce que c'est comme ça", de m'entendre répondre par le médecin à qui je demande "pourquoi ?" "parce que", j'essaie de comprendre. Et je me mets à lire la littérature appropriée. Je voulais savoir, je voulais comprendre. Je commence à lire des ouvrages sur l'histologie de l'infarctus, sur les maladies cardio-vasculaires, sur les principes mêmes des coronaires, leur rôle, leur fonction, etc. Les ouvrages qui m'ont le plus passionné étaient ceux du professeur Lenègre, le grand cardiologue.

Toutes les trois minutes, un Français est frappé d'infarctus. C'est la première cause de mortalité dans notre pays, bien avant le cancer. 400 000 personnes meurent des suites d'un infarctus chaque année en France. En schématisant, je note deux grandes théories chez le professeur Lenègre. Une première théorie qui explique que beaucoup d'infarctus sont prévisibles, car liés à des facteurs de risques bien connus, soit d'origine génétique, soit liés à la façon de vivre. Facteurs, donc connus et que l'on peut combattre. Aujourd'hui par exemple, on peut lutter contre l'hypertension, le diabète, l'abus de cholestérol ; et on peut s'empêcher de fumer, de trop boire d'alcool, etc. Le seul facteur impossible à éliminer est le facteur héréditaire ; mais celui-ci n'est pas une cause directe d'infarctus : il implique un terrain favorable, mais pas forcément un inéluctable destin. Donc, Lenègre conclut que l'infarctus peut être combattu d'abord par la prévention.

Sa deuxième théorie est qu'un mort sur deux est un mort illégitime. Que veut-il dire par là ? Que les troubles du rythme cardiaque peuvent intervenir aussi bien sur l'infarctus appelé étendu, que sur un petit infarctus. Tous les infarctus, petits ou gros, sont à traiter au début avec la même prudence. Il faut se souvenir qu'à l'époque où se situe cette histoire neuf infarctus sur dix sont soignés à domicile. Les gens restent chez eux, couchés, et le cardiologue passe tous les jours pour examiner l'état de santé du malade.

Or, les conséquences directement liées aux troubles du rythme sont la fibrillation ventriculaire, qui, le plus souvent entraîne la mort. Et cette cause de mortalité intervient toujours dans les premières heures, pour ne pas dire dans la première heure qui suit l'infarctus. A partir de là, j'étudie et je m'aperçois, grâce aux statistiques que me fournit le professeur Cara, responsable du S.A.M.U. de Paris, qu'en gros les délais d'intervention des ambulances médicalisées sont de l'ordre de huit à dix heures après le début de la crise, soit parce que le diagnostic n'est pas établi tout de suite, soit parce que le médecin n'intervient pas immédiatement, soit parce que le malade ne peut téléphoner dès la première sensation de malaise.

Je dispose donc de toutes ces statistiques lorsque je rencontre un jeune médecin, réanimateur, en cardiologie, dans un service de l'hôpital Boucicaut : lui aussi est sensibilisé par cette situation ; nous prenons la décision d'unir nos efforts pour essayer de monter une société qui aura deux objectifs : le premier consistant à faire passer à chaque abonné un check-up particulier et spécifique aux maladies cardio-vasculaires, avec non seulement un test de glycémie mais un test d'hyperglycémie provoquée, pas un électrocardiogramme normal mais un électrocardiogramme d'efforts, etc., afin qu'il soit possible de lui dire dès ce moment-là : attention, vous êtes dans une phase de risques et le convaincre de prendre des précautions. A l'issue du check-up, chaque abonné reçoit un dossier appelé "livret d'intervention", sur lequel figurera l'électrocardiogramme de référence ; si celui-ci est donné, c'est parce que quand on intervient très tôt, les modifications de l'électrocardiogramme de référence peuvent paraître minimes, notamment au niveau des ondes T : une ischémie douloureuse intervient avant la nécrose qui provoque l'infarctus. Le processus est le suivant : les coronaires n'amènent plus assez de sang dans le cœur ; celles-ci étant les artères nourricières du cœur, elles vont apporter l'oxygène au muscle lui-même ; car le cœur vit lui-même de l'oxygène apporté, non par le sang qui circule en lui, mais par le sang qui circule par les coronaires, non plus à l'intérieur mais dans le muscle lui-même ; et si une artère coronaire à un moment se bouche, à cause d'un agrégat plaquettaire, ça forme un thrombus, et à ce moment-là toute la partie non irriguée en oxygène meurt ; c'est la nécrose. Et avant la nécrose il y a douleur parce que le muscle a mal, parce qu'il n'est plus alimenté, et cela s'appelle l'ischémie. Et si on intervient avant la nécrose, on peut même éviter l'infarctus ; il y a des infarctus évités si on peut intervenir dans les manifestations de douleur.

A partir de là, notre décision est prise, et mes choix très clairs : il faut créer une société qui pratique les check-up, et l'intervention immédiate, dès l'appel de l'abonné. Pourquoi l'abonnement était-il obligatoire ? Premièrement, parce que pour être efficace il faut travailler sur une population qui a déjà été identifiée, que l'on connaît, mais surtout, pour avoir à coup sûr des moyens correspondant aux besoins. Or, le service public ne peut mettre en place un dispositif pareil ; si à chaque fois que l'on a une douleur non identifiée dans la poitrine, qui n'est peut-être qu'une douleur intercostale, mais qui peut être aussi un début d'infarctus, on envoyait une ambulance, il faudrait non pas cinquante ambulances médicalisées en service en France, mais bien plus de cinq mille...

Le service ne peut donc être fourni, malheureusement, qu'en médecine privée. Alors pour éviter que notre entreprise procède d'une médecine de riches, on avait pris deux précautions : la première c'est qu'il s'agit quand même d'une maladie de gens en principe plus "nantis" que les autres, qui font un travail sédentaire, et qui sont en surconsommation. Mais on avait estimé que tous les candidats dont les revenus étaient inférieurs à 5 000 francs par mois pouvaient s'abonner gratuitement, s'ils pouvaient justifier, certificat médical à l'appui, leur état de prédisposition à l'infarctus.

L'abonnement était de 800 francs par an, c'est-à-dire la moitié de ce que la Sécurité sociale prenait pour un simple check-up. Il n'y avait pas de remboursement, c'était complètement privé. Et là, ce fut le déchaînement des services de l'Ordre des Médecins qui criait que les médecins ne pouvaient pas être salariés par les entreprises privées autrement que dans le cadre de la médecine du travail ; déchaînement de la part des cardiologues, par l'intermédiaire du Syndicat National des Cardiologues, car ceux-ci voyaient là, malheureusement, la fin du gâteau des infarctus soignés à domicile qui génèrent, à chaque visite du cardiologue 300 francs d'honoraires. S'il vient tous les jours, c'est 300 francs par jour : une belle rente...

Déchaînement d'une société comme l'A.U.M.P. qui venait de se créer et qui était chargée de faire de la concurrence à "S.O.S.-Médecins" ; déchaînement, en fait, de tout le corps médical. Déchaînement des hôpitaux de l'assistance publique qui voyaient là un organisme qui allait pouvoir faire du tri et orienter les malades vers les services de leur choix.

Sur ces entrefaites, un incident grave sur le plan technique comme sur le plan affectif est venu renforcer encore la haine des institutions médicales : je me suis fâché avec le médecin avec qui j'avais créé "Cœur-Assistance" et ce médecin s'est fait l'instrument de tous ces gens, trop lâches pour être eux-mêmes au front et qui, moyennant des argumentations de toutes sortes, ont fait de mon ancien associé un ennemi haineux qui n'avait plus qu'une ambition : notre perte.

J'ai rencontré à cette époque un homme formidable, qui s'appelait Lascar ; dix ans auparavant il avait créé S.O.S.-Médecins ; il m'a raconté ses trois premières années d'activité : même hostilité, même haro, même curée. Au fur et à mesure que les médecins prenaient des gardes à S.O.S.-Médecins, ils recevaient de leur Ordre, par écrit, une injonction formelle de ne plus prendre une garde, sous peine d'être radiés à vie... Il s'est retrouvé pendant quinze jours tout seul, avec un Guadeloupéen, pour assurer les gardes de S.O.S.-Médecins. Je vous conseille d'ailleurs de lire son livre, où il raconte toutes les péripéties que nous avons vécues dix ans plus tard ; lui a eu le courage de tenir. S.O.S.-Médecins a été cité dans le monde entier comme le symbole d'une initiative privée qui a fonctionné remarquablement bien ; car non seulement, auparavant, les médecins ne voulaient pas se déplacer à deux heures du matin quand un malade leur téléphonait, mais ça les indisposait de savoir que quelqu'un pouvait y aller, au risque de leur prendre une consultation ! C'était ça, le vrai problème. Et pendant dix ans Lascar a travaillé comme une bête pour imposer S.O.S.-Médecins...

Il m'a convaincu, au bout de deux ans de lutte, d'une chose ; c'est qu'il fallait confier “Cœur-Assistance”, qui selon lui était un projet formidable, à des personnes plus “qualifiées” que nous, plus “institutionnelles”, mais qui, les malheureux, malgré leur sérieux, malgré l'argent qu'ils ont dépensé, sont arrivés au même résultat ; il a fallu qu'ils arrêtent “Cœur-Assistance”. Définitivement.

Jamais, durant ces deux ans, nous n'avons enregistré une seule plainte, jamais. Les abonnés de la première année s'étaient tous réabonnés ; seul l'Ordre des Médecins s'est porté plaignant contre nous pour publicité mensongère, laissant supposer que tous les gens qui s'étaient abonnés avaient été assez bêtes pour se faire rouler et ne pas réagir, alors que le docteur en question avait fait la tournée de chacun des abonnés pour essayer de les convaincre de porter plainte, en association avec l'Ordre des Médecins ! Pas un seul n'a accepté, pas plus qu'un seul des médecins ayant travaillé avec “Cœur-Assistance” (ils étaient cinquante à avoir pris des gardes) n'a témoigné autrement qu'en confirmant le sérieux des traitements. La plupart d'entre eux sont d'ailleurs restés des amis, comme le Dr Chaouat, le Dr Rumani... Tous ont été scandalisés par ce procès.

L'affaire se serait arrêtée là s'ils s'étaient contentés d'avoir suffisamment jeté l'angoisse sur les actionnaires qui nous ont suivis pour qu'ils reculent si les châteaux de Bokassa n'avaient pas existé. Les quatre dirigeants de “Cœur-Assistance” ont été condamnés pour publicité mensongère, puis il y a eu appel, et amnistie avant même que l'appel soit déposé.

Je laisse aux lecteurs le soin de juger de l'objectivité du tribunal. Quatre personnes ont été condamnées : moi qui étais conseil, le président, le directeur général et l'administrateur. Le président à 500 francs d'amende, l'administrateur à 500 francs d'amende, le directeur à 500 francs d'amende et Bernard Tapie à... douze mois de prison avec sursis !

La France est un grand pays où, comme chacun sait, le Parquet n'intervient jamais dans les jugements, mais j'ai apporté au juge 500 fois la preuve que l'accusation était infondée, réussi tout de même à démontrer qu'il y avait publicité mensongère. Comment ? Jugez de la beauté du procédé : on a compté les petites voitures dessinées sur le catalogue publicitaire de "Cœur-Assistance", remis après l'abonnement, sur lequel une carte de Paris était dessinée ; on avait tracé huit petites voitures symboliques, et nous ne disposions que de quatre voitures... Publicité mensongère !

J'ai vu, dans toutes les gendarmeries, la photographie d'un beau gendarme posant sur un ciel bleu marine, avec marqué en dessous : « Engagez-vous dans la gendarmerie », si l'on suit les conclusions des juges, je pense que le gendarme, dès le premier jour de pluie, aura le droit d'aller voir le Parquet pour dire : « Je dépose plainte pour publicité mensongère ; regardez, sur l'affiche, on a montré qu'en devenant gendarme, je serais toujours sous un ciel bleu marine ! »

La morale de ces histoires ? Il ne sert à rien de savoir si on a eu raison ou tort. Ce qui compte c'est de savoir qu'on ne peut pas tout faire, qu'il y a des obstacles qu'on ne peut franchir à n'importe quel moment, faute d'avoir la taille suffisante ; il faut se contenter de savoir qu'on ne les franchira pas, et admettre que si on ne peut pas d'emblée soulever vingt kilos, il faut faire de la gymnastique, et n'essayer de les soulever qu'après deux ans d'exercices. Cela sera, alors, peut-être plus facile...

Je pense aujourd'hui que j'ai péché par prétention. Je me croyais capable de surmonter ces obstacles : erreur d'appréciation. Le rapport de forces, aussi bien dans la première (Bokassa) que dans la deuxième expérience (Cœur-Assistance) qui m'était totalement défavorable, et je m'engageais dans un combat perdu d'avance. Si j'avais été prudent, j'aurais d'abord grossi, j'aurais fait de la gymnastique, ça m'aurait évité d'avoir une hernie en voulant soulever un poids trop lourd pour moi.

Ce qui ne m'empêche pas de considérer "Cœur-Assistance", aujourd'hui encore, comme l'idée dont je suis le plus fier ; je crois que je n'en aurai jamais d'aussi bonne. Mais je ne toucherai plus, ni de près ni de loin, à l'establishment médical. Il suffit de demander aux kinésithérapeutes, aux ostéopathes, aux acupuncteurs, à tous ceux qui veulent innover, ce qu'ils pensent des structures de la médecine et de l'Ordre des Médecins, pour s'apercevoir des abîmes qu'il reste à combler...

J'ai mis deux ans à me remettre de cette histoire, deux ans de peine, de rage, de sentiment d'injustice. J'avais montré au Parquet une lettre de chantage écrite de la main du secrétaire du Syndicat national des Médecins, qui stipulait que si je versais une certaine somme d'argent — 140 millions de centimes à l'époque — on arrêterait les harcèlements, et on nous autoriserait à fonctionner ! Peine perdue : le Parquet n'en a pas tenu compte.

Il reste que je ne remercierai jamais assez l'Ordre des Médecins, le juge Peyrat (juge d'instruction de l'affaire Cœur-Assistance), le Parquet et tous ceux qui, machiavéliquement, obstinément, ont essayé de me détruire : quelle belle gymnastique ils m'ont fait faire ! Quels muscles ils m'ont permis d'acquérir ! Sans eux, je n'aurais jamais réussi la moitié de ce que j'ai accompli. Ils m'ont donné l'arme la plus redoutable pour gagner des combats, pour supporter tout, et surmonter les obstacles : le sentiment d'injustice. Ce sentiment-là est capable de donner une force incroyable à quiconque. Aucun autre sentiment, ni la haine, ni la rancœur, ne peut donner à un être le ressort qu'il n'a pas. Je n'ai jamais eu envie de me venger de mes adversaires ; je les ignore. Il me fallait prouver absolument que je n'étais pas ce qu'ils voulaient que je sois, ce qu'ils voulaient me forcer à être : c'est dans ce sursaut de chaque être contre les limites qu'on veut lui imposer que surgit le dépassement et que de l'échec jaillit, puissant, indomptable désormais, l'épanouissement.

Je pense toujours à l'équivalent de "Cœur-Assistance", à San Francisco, aux États-Unis, qui existe depuis quelques années et qui marche admirablement bien, avec 4 000 abonnés, un service d'hélicoptères et de voitures. Et je regrette d'avoir présumé de nos forces.

Cette casserole est restée très longtemps accrochée à mes basques : magouilleur, menteur, homme d'affaires douteux, et autres noms d'oiseaux. En tout cas, désormais, terminé le temps du conseil, le temps où je restais spectateur ou animateur en coulisse. J'allais bondir sur le devant de la scène, me battre à découvert avec mes moyens. Et j'ai tout engagé dans l'aventure : hypothéqué ma maison, mes biens, tout risqué, pour tout réussir ou tout perdre. Je savais que j'allais me heurter à la coalition conjuguée de l'establishment bancaire, administratif, financier, aux poisons et aux délices de la rumeur, aux ricanements qui accueillent toute personne qui désire aller jusqu'au bout de ses désirs, de ses ambitions. Jusque-là, j'étais persuadé de la justesse de mon analyse mais il me restait à faire la preuve que je pouvais tenir tout ce que je promettais. "Cœur-Assistance" a été tout compte fait le détonateur. Comme l'écrit Tasle d'Héliand dans *Les Nouveaux Guerriers** : « L'homme ordinaire ne commande que très rarement ses actions ; ce serait plutôt elles qui le commanderaient. Ses actions doivent appartenir pleinement au chevalier. C'est à lui de transformer en rite ce qui serait pour un autre une habitude, c'est-à-dire une action inconsciente. Il s'agit d'être présent à ce que l'on fait, rassemblé dans l'instant.

« Ainsi, il y a toujours en moi un veilleur. Je fais

* Ed. Autrement.

mon possible pour ne pas m'identifier à ce qui se passe autour de moi, à ce qui passe. J'y perds en spontanéité, j'y gagne en présence. Ne plus veiller, c'est risquer d'être vaincu ; laisser prise aux faiblesses, tenir le bouclier d'une main molle, avoir peur, c'est se laisser étouffer par le désordre intérieur ; pointer l'estoc sans précision, c'est passer à côté de sa cible. L'image peut faire sourire... elle n'en est pas moins efficace pour qui le veut. Sans relâche, il faut chasser ses faiblesses, c'est-à-dire sa tendance à se laisser aller aux habitudes des hommes ordinaires. On ne chasse bien que le gibier qui a ses habitudes ; il est facile d'atteindre un homme porté par ses habitudes. »

J'allais désormais chasser et combattre mes habitudes, mes peurs, mes hésitations. Car si jamais je me ratais, les autres, eux, ne me rateraient pas.

4.

Les sept commandements

Je ne me prends évidemment pas pour Moïse recevant sur le Mont Sinaï les tables de la loi, ni pour je ne sais quel sauveur de l'entreprise ; je me contente de partager quelques règles avec ceux qui — et ils sont heureusement de plus en plus nombreux — ont envie de s'engager ou se sont déjà engagés sur la voie de l'aventure, de la création et du défi. Ce sont des règles que je me suis forgées au cours des péripéties et des expériences qui ont jalonné jusqu'ici mon itinéraire. Chacun doit choisir sa route et emprunter les chemins sauvages de l'autonomie, le plus loin que faire se peut. Une certaine codification peut toutefois être profitable, quels que soient le terrain, le moment ou les circonstances. Je vous les livre donc tout en essayant de démontrer en quoi, *mutatis mutandis*, elles m'ont servi dans mon expérience de repreneur et de créateur d'entreprises.

1) Savoir s'analyser

"Connais-toi toi-même", disait Socrate.

Bien s'analyser, c'est avoir la conscience lucide de ses forces et de ses faiblesses afin de transcender cette apparente contradiction, en admettant que ses points faibles ne sont que le revers de ses points forts. L'œil de l'indulgence n'est pas un bon conseiller. Il faut se servir de l'œil avec lequel on considère les autres, car il est en fait assez proche de la vision que les autres ont de nous-mêmes.

Le "Connais-toi toi-même" de Socrate est la première règle, le premier commandement de tout patron digne de ce nom aujourd'hui. Se connaître avec suffisamment d'humilité pour apprécier l'étendue de ses lacunes et appliquer la règle fondamentale de la complémentarité des compétences, car un patron n'est rien s'il ne sait pas s'entourer de collaborateurs jeunes et vieux, lucides et pessimistes, délirants et sages. Le patron qui se prend pour Dieu le père, omniprésent, omnipuissant et infaillible, n'a plus aucune chance, à terme de demeurer à la tête de son entreprise.

Bien sûr, le fait d'avoir passé ma jeunesse sur un stade, d'être capable de jongler avec la tête, le pied droit ou le pied gauche, de connaître par cœur le palmarès des équipes de France depuis 1960 et d'avoir vu plusieurs milliers de matches pouvait me laisser croire, comme de nombreux autres dirigeants, que nous sommes largement assez qualifiés pour diriger seuls, un club de football professionnel.

Mais bien se connaître, c'est savoir qu'il y a une différence énorme entre bien connaître et bien s'y connaître ; d'où mon appel à Michel Hidalgo qui comblera l'immensité de mes lacunes, propres à tous les aficionados du ballon rond qui croient tout savoir parce qu'ils ne confondent plus coup franc et penalty...

Bien se connaître, c'est d'abord connaître ses limites.

Je me rendais régulièrement à Marseille pour surveiller l'avancement des travaux de *la Vie Claire*, le superbe quatre-mâts qui avait appartenu à Alain Colas. Chaque fois, de l'ouvrier du chantier naval à l'avocat qui s'occupait des formalités et des permis, c'était le même refrain : « Alors, monsieur Tapie, quand est-ce que vous reprenez l'Olympique ? » A Marseille, jamais personne ne m'a proposé une entreprise à racheter : l'on ne me parlait que de l'O.M. J'adore le football : je m'y suis longtemps adonné, au stade du Bourget. Comme je le fais pour toutes les entreprises que je désire reprendre, j'étudie la situation. Comme tous les sports, le football n'est pas une science exacte, et les probabilités de réussite ou d'échec sont dans un premier temps très difficiles à établir. Mais, à long terme, si l'on choisit les meilleurs joueurs et qu'on met à leur disposition des moyens importants, le hasard est gommé par le temps, et la réussite ne peut plus manquer au rendez-vous. Pour que la direction prise soit d'emblée la bonne, pour qu'on ne se trompe ni sur la tactique ni sur la stratégie, il fallait un professionnel incontestable pour reprendre en main l'O.M. ; sans vraie passion, rien ne pourrait se faire. Dès le départ, je n'ai pensé qu'à un seul homme : Michel Hidalgo.

Je l'appelle, et nous nous voyons très vite. Nous nous sommes trouvé de nombreux points communs, et d'abord la recherche du bonheur, la nécessité de se sentir bien dans sa peau et de faire régner, autant que faire se peut, l'harmonie autour de soi. On ne prendra jamais Hidalgo au piège des honneurs ou des milliards. On lui a proposé un ministère, des places en or, des garanties princières : il a tout refusé. Ce qu'il désire c'est mener la vie qui correspond à son tempérament. Cohérence d'abord. Nous organisons chez moi un dîner à quatre avec son épouse et la mienne. Je découvre qu'Hidalgo et sa femme ont les mêmes rapports de couple que Dominique et moi. La femme de Michel veille à créer autour de lui une oasis de paix et de tranquillité. Comme toutes les épouses de vedettes, elle n'a pas beaucoup vu son mari durant leur jeunesse. Hidalgo et moi nous expliquons longuement. A cinquante ans, il est encore jeune, fougueux, désireux d'agir. Il m'avait vu à l'œuvre dans la mise sur pied et le développement de l'équipe de Bernard Hinault ; il a découvert un interlocuteur prudent et pas pressé, qui devait contraster singulièrement avec l'image qu'il pouvait se faire de moi à travers les médias. Je ne lui ai pas doré la pilule ni promis monts et merveilles, bien au contraire. Je lui ai dit que c'était une mission difficile mais idéale pour un homme comme lui, avec son passé, son expérience et ses connaissances. Hidalgo fait partie de ces hommes qui n'auront jamais peur de l'avenir, parce qu'ils ont, en eux, des racines vivaces. Il sera toujours indissolublement lié aux valeurs essentielles. Le navigateur qui sait qu'une corde relie son radeau à la jetée aura moins peur que celui qui flotte sans amarres au gré des vagues. Seuls s'inquiètent du futur et pataugent dans l'angoisse métaphysique ceux qui ont perdu toute référence : notamment la famille, les amis, la solidarité. De ce point de vue, je me sens très proche de lui.

Il va sans dire que je serais triste de perdre ma maison, mon Jet ou mon bateau, si m'assaillent un jour des revers de fortune : mais je ne perdrai pas l'essentiel : ma famille et mes vrais amis. Je plains sincèrement ceux qui axent leur légitimité sociale et affective sur le succès : le jour où celui-ci les quitte, ils n'ont plus rien.

J'ai tout de suite senti cette même solide assurance chez Michel Hidalgo. Quoi qu'il arrive, il sera toujours celui qui aura fait de l'équipe de France la championne d'Europe, classée quatrième en coupe du monde ; il sera celui qui aura favorisé l'éclosion de Michel Platini et de beaucoup d'autres.

Je lui ai laissé le temps de prendre sa décision sans le rappeler ni essayer de l'influencer par des amis communs. Ce n'est jamais par la force que l'on obtient l'adhésion de quelqu'un, mais bien en prenant le temps de la réflexion et en valorisant le calme et la sérénité.

2) Faire preuve de courage

Lorsque l'on a le sentiment d'avoir accompli son devoir, on n'a pourtant parcouru que la moitié du chemin. Accomplir son devoir n'est pas un tour de force en soi ; c'est le lot obligé de ceux qui se fondent dans les collectivités pour former le troupeau des bons citoyens et les conduites standardisées. Toute cette formidable cohorte des orthodoxes, des conformistes et des fanatiques du passage clouté.

Pour eux, il n'y aura jamais de mauvaises surprises mais ils risquent hélas de ne pas en connaître non plus beaucoup de bonnes. Car les vrais grands écarts dans la vie ne se créent que par les petites différences.

Être un petit peu plus que les autres à chaque fois permet d'être à la longue, et au bout du compte, totalement différent des autres. Chaque jour est une leçon de courage.

Le courage est toujours une notion relative. Il ne constitue pas un état permanent, ni en intensité ni en fréquence. Face au découragement, c'est la vertu qui permet à ceux qui en sont pourvus d'exploiter au maximum leurs potentialités. Nous savons aujourd'hui que l'intelligence humaine n'utilise que dix à quinze pour cent de ses véritables possibilités.

Le courage, c'est d'accepter d'aller encore plus

loin lorsque l'on a le sentiment que son âme et son corps ont atteint les limites du supportable. Dans certaines circonstances de la vie, rien ne pourra vous dispenser de faire preuve de courage : ni vos talents, ni votre fortune, ni votre position sociale. Lorsqu'il y a une dizaine d'années j'ai traversé des périodes difficiles, et que l'on me considérait comme définitivement hors course, j'ai connu bien sûr le découragement, le désespoir, la rage. Très vite pourtant j'ai compris que je ne pouvais pas en imputer la faute aux autres ; je n'avais pas su mesurer la hauteur des obstacles ou j'avais eu le souffle trop court pour les franchir. Je me disais alors : « Puisque la démonstration n'a pas été faite, il m'incombe d'être encore meilleur et d'avoir la capacité d'aller rechercher au fin fond de moi-même l'ensemble des éléments et des forces qui me permettra de me surpasser. » Le courage, c'est aussi la très belle expression de Sartre : « L'espoir qui se trouve au-delà du désespoir. »

Quelle plus belle illustration que le cas de Bernard Hinault ? Quand il est venu me voir à mon bureau, il m'a dit : « Il y a une chance sur deux que je remonte sur un vélo. Pour monter une équipe La Vie Claire, j'ai besoin d'un milliard. » Au bout d'une heure de discussion, j'étais persuadé que nous allions travailler ensemble. J'ai aimé tout de suite sa rage de vaincre, sa volonté de prendre une revanche sur tous ceux qui le disaient fini, lessivé. Quand je voyais Hinault en train de m'expliquer où il en était, je me rappelais ce que j'avais ressenti moi-même après l'histoire de "Cœur-Assistance", ou du "Grand Dépôt", toutes ces mésaventures qui m'avaient laissé amertume au cœur et bleus à l'âme. Je n'ai jamais regretté de l'avoir pris, tant il a apporté au groupe.

Il a permis à La Vie Claire, en l'espace de six mois, de créer toute une gamme de produits spécifiques pour les coureurs cyclistes. Il ne s'agissait pas de lancer une marque de savon en montrant un sportif qui soupire de bonheur sous la douche — je trouve cette publicité inefficace et passablement vulgaire — mais d'utiliser l'expérience de Bernard Hinault pour concevoir et proposer — par le truchement de Look — une nouvelle pédale de sécurité parce que, dans ce domaine, il est crédible. Et Bernard Hinault est aussi quelqu'un capable de se surpasser, d'aller au-delà de ses propres forces : c'est important pour l'image de l'entreprise, pour ceux qui travaillent à l'intérieur comme à l'extérieur. Il est stimulant de voir des hommes, tous les dimanches, aller jusqu'au bout d'eux-mêmes, parfois au risque de leur vie, pour gagner de grandes épreuves. Je me souviendrai toute ma vie du jour où je l'ai vu arriver avec ses béquilles. Je lui ai dit : « Si jamais vous arrivez à remonter à vélo... ? » A son regard j'ai vu que tout était déjà fait. Deux ans après, il regagnait le Tour de France et le Tour d'Italie.

Ce que Bernard Hinault apporte à La Vie Claire c'est une image de battant. Et de gagnant. Pourquoi croyez-vous que, sur les dix meilleurs joueurs de tennis du monde, il y a six Suédois ? Parce que ceux-ci sont biologiquement supérieurs aux autres ? Ridicule ! Tout simplement parce que l'exemple de Bjorn Borg a donné des idées — et des ailes — à des milliers de ses jeunes compatriotes. S'il a pu le faire, se disent-ils, pourquoi pas moi ? Si je choisis Hinault, si je fais appel à Hidalgo, c'est autant pour leurs très grandes qualités humaines que pour l'image de vainqueurs qu'ils projettent. Et qui renforce, valorise et dynamise l'identité de chacun de ceux qui les entourent et se glorifient de leurs exploits. Et de leur courage.

3) Savoir s'adapter

La science de l'adaptation signe pour l'éternité la victoire de l'homme sur la machine.

L'ordinateur le plus sophistiqué ne pourra, en définitive, répondre qu'aux paramètres dont il aura été nourri ; l'être humain seul peut abandonner les voies tracées de la logique et de la mémoire pour inventer, ici et maintenant, face à la réalité soudain différente, des situations nouvelles.

Dans un temps où le flou est devenu une catégorie scientifique que les chercheurs les plus avancés prennent en compte, cette capacité d'adaptation vaut pour les hommes et bien évidemment pour les entreprises.

Dans le processus de la reprise, commençons par rappeler les vérités premières ; deux cas de figure peuvent se présenter : le repreneur éventuel est seul intéressé ou bien il doit faire face à la concurrence d'un certain nombre d'autres candidats. C'est ce qui s'est passé notamment pour Testut, La Vie Claire et Wonder. Les acheteurs potentiels se bousculaient au portillon. En quoi le groupe Bernard Tapie s'est-il distingué des autres ? D'abord en faisant preuve de rapidité dans le diagnostic et dans la décision. Nous arrivons sur place presque instantanément, à deux, trois ou quatre. Nous mettons toute notre force de travail dans la balance et en quelques jours nous savons à quoi nous en tenir. Pas de tergiversations au moment de la prise de décision : je n'ai pas de conseil d'administration à réunir puisque le holding Bernard Tapie, c'est moi. Je n'ai pas de banquiers à appeler, nous travaillons en équipe, en commando, en circuit fermé.

En affaires, le temps est un paramètre essentiel car lorsque le candidat à la reprise intervient, l'entreprise est déjà la proie des flammes, les gens aux fenêtres se demandent s'il faut sauter ou pas, mais les pompiers musardent sur la route. Il est souvent arrivé que des groupes se soient fait disqualifier — n'hésitons pas à employer ce mot — parce qu'ils prétendaient qu'il était urgent d'attendre : il leur fallait d'abord faire les comptes, inventorier les stocks, examiner les protocoles, étudier à fond le régime social de l'entreprise, toutes choses certes nécessaires, mais qui ne peuvent être effectuées de manière approfondie en moins de six mois. Pour nous une quinzaine de jours en moyenne suffit. Nous ne sommes pas infaillibles, nous ne nous prenons pas pour les représentants de Dieu le Père, frappés du sceau de la prescience divine, mais, comme je l'ai déjà expliqué, il me suffit d'une seule personne, la plus expérimentée dans sa spécialité, pour négocier. Mon collaborateur me coûte peut-être deux millions de francs par an, mais s'il a en face de lui quatre ou cinq cadres décideurs de la société à reprendre qui coûtent chacun 600 000 francs, le mien me revient moins cher.

Notre deuxième qualité c'est la souplesse. Nous n'allons pas essayer de cogner sur la réalité jusqu'à ce qu'elle adhère à nos schémas ; au contraire, nous allons adapter nos méthodes aux problèmes posés. Ce sont ceux-là les plus importants.

Je voudrais ici m'arrêter sur l'exemple de La Vie Claire que tout le monde connaît aujourd'hui grâce à Bernard Hinault et son équipe ; les partisans d'une alimentation saine et équilibrée de même que les tenants de l'agriculture biologique la connaissent, eux, depuis fort longtemps. La Vie Claire était une société coopérative fondée par un homme absolument génial, Henri-Charles Geffroy, mort en 1981. La Vie Claire, c'est plutôt un mode de vie prôné par de véritables militants végétariens ; ils avaient même publié une revue appelée elle aussi *La Vie Claire* et qui tirait à 50 000 exemplaires par mois. Hélas, le créateur de La Vie Claire s'est avéré n'être pas le meilleur des gestionnaires.

Quand le dossier de La Vie Claire arrive au groupe Bernard Tapie, un administrateur provisoire et un syndic avaient déjà été nommés, une enquête judiciaire avec inculpation pour fraude était en cours, alors que les responsables de la société n'avaient été coupables en fait que de distraction. Trois candidats importants étaient déjà sur les rangs. Nous allons rendre visite à l'administrateur provisoire, un homme parfaitement intègre. Je tiens à le souligner, car ce n'est malheureusement pas toujours le cas. Celui-ci nous demande une garantie bancaire pour le montant du passif privilégié, et quatre millions de francs en compte bloqué pour procéder à l'augmentation de capital ; il y avait effectivement là un besoin urgent. Mais pour l'emporter il fallait convaincre les actionnaires. Ceux-ci étaient essentiellement de petits porteurs, des propriétaires de magasins, mais il n'y avait pas vraiment d'actionnaires majoritaires. L'un des concurrents en piste jouissait d'une excellente réputation auprès des banquiers, il essaie, grâce à sa surface financière, de faire pression sur l'administrateur provisoire. Un autre des candidats est en très bons termes avec le syndic. Le troisième possède ses petites entrées au Tribunal de Commerce. En face, un laissé-pour-compte, un marginal : le fondateur. Je demande à le rencontrer. Aussitôt je suis fasciné par cet homme. A quatre-vingts ans, alors qu'il s'est pour ainsi dire dévoué corps et âme à sa société, il fait figure d'escroc. Simplement parce qu'il n'a pas voulu renoncer à ce qu'il considérait comme la mission de sa vie : l'image de La Vie Claire, symbole d'une qualité irréprochable des produits alimentaires distribués dans ses magasins. Ah ! si seulement il avait accepté de les transformer en supermarchés, en fast-food biologiques...

Au bout d'un certain temps, il ne reste plus que deux candidats sérieux sur les rangs. Nous sommes d'accord pour fournir la garantie demandée, d'accord pour constituer un compte bloqué pour l'augmentation de capital. Qui donc va décider en dernier ressort ? L'assemblée des actionnaires, c'est-à-dire les petits porteurs. Il faut se rappeler qu'à l'époque mon image de marque était pour le moins trouble. Le moins que l'on puisse dire est qu'elle ne supportait pas la comparaison avec les vitraux de la cathédrale de Chartres. Les châteaux de Bokassa, Cœur Assistance, tout cela était encore très présent dans beaucoup de mémoires. Arriva donc le jour tant attendu de l'assemblée générale. Ils étaient 600 dans la salle, représentant 14 000 actionnaires. Bongrain et moi sommes appelés à prendre successivement la parole. La prestation de Bongrain est tout à fait remarquable, rassurante à souhait. Le souci premier des actionnaires est évidemment de savoir ce que vont devenir leurs actions. Leur choix est donc capital. A un moment donné, Bongrain a certes le mauvais goût de leur parler de ses fromages, ce qui n'est pas vraiment indiqué lorsque l'on s'adresse à une assemblée de végétariens. Des petits rires discrets se font entendre dans la salle ; mais finalement tout se passe bien pour lui.

Vient mon tour. Je suis assez tendu et mon discours est certainement loin d'être la plus brillante des interventions que j'ai faites dans ma carrière. Et j'obtiens 13 200 voix sur 14 000, la majorité absolue, haut la main ! J'en étais abasourdi. Plus tard j'ai appris que Charles-Henri Geffroy avait adressé une lettre personnelle aux 600 actionnaires présents en les informant qu'il avait rencontré Bernard Tapie et que celui-ci était le meilleur candidat pour reprendre La Vie Claire et lui conserver la réputation que lui, Charles-Henri Geffroy, s'était attaché à construire sa vie durant. J'ai gagné parce que je l'ai vu, lui le méchant, l'infréquentable : il détenait la clef...

4) Être multidisciplinaire

Les structures pédagogiques et les divers types de formation universelle ou professionnelle ne sont pas conçues pour permettre à la jeunesse d'affronter efficacement le monde des affaires.

La vie ne devient passion qu'à partir du moment où elle vous offre la possibilité d'exploiter toutes les facettes de votre sensibilité et de votre esprit créateur, trop souvent anesthésiées par des comportements balisés, routiniers, craintifs.

Qu'est-ce qu'un individu ? Un ensemble qui doit être bien dans sa tête, bien dans son corps, bien dans son cœur. Une tête bien faite : se pénétrer de toute l'organisation qui le prépare à la vie sociale, culturelle, et à ses ambitions.

Être bien dans son corps : maîtrise de sa biologie

musculaire, des échanges et des équilibres entre les grands systèmes biologiques et physiologiques, mais aussi le contrôle de soi, la relaxation, et naturellement la nutrition.

Être bien dans son cœur : c'est tisser sa toile en harmonie avec les autres, c'est introduire la notion des vraies valeurs collectives, donner le droit à ses sentiments personnels de s'exprimer. C'est aussi et surtout être curieux : la curiosité est une source d'éveil et de maturité.

"Embrasser tous les arts" : ce n'est plus aujourd'hui un choix, mais une nécessité. La holding Bernard Tapie est ainsi constitué qu'aucune des sociétés qui la composent n'ait à pâtir des carences éventuelles d'une autre entreprise du groupe. Ce qui n'empêche pas des synergies, des passerelles, des créations communes d'éclore entre les six divisions du groupe : agro-alimentaire, pesage, audio-visuel, mode, sports et piles grand public. Mais multidisciplinarité ne veut pas dire désordre : ceux qui parlent "d'inventaire à la Prévert" et qui se demandent quels sont les rapports entre mode et sport n'ont visiblement pas compris grand-chose au monde où nous vivons, monde tissé désormais de la cohabitation des contraires, et non de leur hostilité ; de la relation entre les êtres et les institutions, et non de leur isolement. En tout état de cause, souplesse, mobilité et adaptation, les maîtres mots de toute politique saine en matière d'entreprise, ne se peuvent concevoir sans vue saine sur l'avenir ; les domaines qu'embrasse la holding sont tous porteurs de diversification et de développement. De plus en plus, êtres humains et sociétés sont appelés à la pluralité, à la multipolarité : les fanatiques de la couleur unique ne tiendront pas longtemps face aux joyeux porteurs de mosaïques crépitantes. Nous sommes condamnés à nous peindre aux couleurs de l'arc-en-ciel ou à disparaître. Diamants à mille facettes ou castes très grises : pas d'hésitation.

Prenons l'exemple de Look. Marque de skis et de fixations de sécurité célèbre depuis fort longtemps, Look était par définition une affaire saisonnière puisqu'elle était entièrement liée à la pratique des sports d'hiver. C'était en outre une société à risques puisque son activité était tributaire des conditions météorologiques. Que la neige soit insuffisante, trop abondante, ou de mauvaise qualité, aussitôt les ventes s'en ressentaient. Des conditions climatiques défavorables pendant trois années consécutives peuvent entraîner rapidement la mort d'une entreprise de ce type. A ce moment-là, les victimes se contentent en général de maudire les dieux en s'exclamant : « Ce n'est pas notre faute, il n'y avait pas de neige. » Pas du tout. Une gestion saine doit tout prévoir, y compris les caprices répétés du ciel. L'imprévoyance est un des signes d'une mauvaise gestion.

A cet état de choses s'ajoutait une aberration totale : les employés de Look prenaient leurs congés en été, à l'époque où la charge de travail était la plus lourde. En hiver ils n'avaient pas grand-chose à faire puisque l'équipement nécessaire aux sports d'hiver se fabrique l'été. Une fois l'affaire reprise, j'ai commencé par dire au personnel : « Si vous voulez que votre entreprise survive, il faudra supprimer le caractère saisonnier de son activité et répartir différemment vos périodes de congés. » C'est ainsi que nous avons appliqué très largement un système qui alimente depuis des mois des discussions passionnées entre syndicats et dirigeants politiques : la flexibilité de l'emploi. Il a été décidé que pendant les deux premières années de la restructuration les employés prendraient leurs vacances l'hiver. De mon côté, je m'engageai à diversifier suffisamment la gamme des produits de Look pour éviter que ce sacrifice ne se prolonge au-delà de ces deux années. J'ai engagé des négociations avec les syndicats en leur expliquant clairement la situation : en maintenant les congés d'été, on pouvait soit fabriquer les équipements au printemps et, partant, s'embourber dans des stocks colossaux générant des frais financiers énormes, soit les fabriquer en automne, c'est-à-dire trop tard, et on ratait la moitié de la saison. Les syndicats ont compris l'enjeu. C'est pourquoi Look a diversifié sa production en créant la pédale de vélo de sécurité.

A l'origine de la création il y a souvent un besoin. En créant la pédale de vélo de sécurité, mon premier objectif était de procurer à Look une activité complémentaire, et en même temps de permettre au personnel de prendre ses congés à un rythme plus adapté notamment à leur vie de famille, grâce à une “saisonnalité” inversée. Les syndicats ont fort bien compris que la survie de l’entreprise était au prix de cet effort. Cet exemple illustre remarquablement la collaboration entre le monde du capital et le monde du travail. La fermeture définitive de Look aurait été un échec pour tout le monde. C’est pourquoi nous avons diversifié en nous orientant vers la bicyclette. Pluridisciplinarité oblige : Look n’a plus arrêté d’être une structure d’accueil pour les créations les plus diverses, et d’abord dans le domaine du cycle.

J’ai déjà parlé de la pédale de sécurité : nous avons ensuite fabriqué un cadre en alliage léger, et un autre en kevlar. Nous nous sommes lancés dans les freins à freinage progressif, invention qui a été suivie par celle d’un nouveau pédalier qui élimine les temps morts.

D’ici deux ans, les cycles devraient représenter la moitié du chiffre d’affaires de Look.

Nous ne nous sommes point arrêtés là : outre des étriers pour cavaliers qui déchaussent automatiquement, évitant ainsi les chutes mortelles, nous avons également créé une gamme de skis de fond avec fixation de sécurité qui a contribué à nous permettre de gagner 10 points de la part du marché japonais.

Aux États-Unis, nous avons gagné 2 millions de dollars en 1985 et le relatif blocage du marché allemand nous a conduit à racheter Geze, leader allemand dans le domaine de la fixation de ski. Sa diversification a donc permis à Look de pénétrer partout. Il y a 18 mois à peine, la société perdait

45 millions de francs par an. Aujourd'hui, elle en gagne 20 millions.

Conséquence de ces bons résultats : elle sera bientôt cotée en Bourse.

Tout ceci a été réalisé selon la stratégie propre à mon groupe. Dans chaque cas, une personne et une seulement s'occupait de chacune des différentes phases de l'opération : création, diversification, alliances, achats. L'un s'occupait des nouveaux projets, l'autre du marché avec les Japonais, le troisième de la négociation sur l'achat de la firme allemande, le quatrième de la diversification lorsqu'il s'est agi d'entreprendre la fabrication des étriers spéciaux pour cavaliers, le cinquième prenait en charge les cycles et la création de l'équipe cycliste avec Bernard Hinault. Il ne s'agit donc pas d'improvisation mais d'une stratégie rigoureusement organisée sur la base d'une économie complète de moyens et d'une synergie totale entre les différents "pools" du groupe.

Je ne rachète pas n'importe quoi, n'importe comment, pour le simple plaisir de racheter. Je suis toujours sidéré de m'apercevoir que les médias et une partie du public suivent ce genre d'opérations comme ils suivraient, dans un feuilleton à suspense, les péripéties de Rocambole ou des Chevaliers du Ciel. Bien sûr, cela fait la "une" des journaux pendant quelques jours mais tout le monde s'imagine que je me suis livré à un nouveau caprice médiatique. Si j'ai racheté Mic Mac, société de prêt-à-porter, c'est pour qu'en association avec Look nous puissions réaliser une véritable gamme de vêtements à la fois vraiment adaptés au sport et esthétiquement beaux. Si, aujourd'hui, Mic Mac a été vendue, toute la ligne de prêt-à-porter "sport" de Look est restée dans le groupe.

5) Avoir du culot

Cocteau disait : « Il ne savait pas que c'était impossible donc il l'a fait. »

Entre l'impossible et l'extraordinaire la marge est extrêmement ténue ; la vie est promesse d'aventures, souvent extraordinaires, jamais impossibles. Les passions et les fantasmes peuvent certes entraîner l'outrance, mais entre l'outrance et l'immobilisme, n'hésitez jamais. Toujours et partout il faut oser. Quand on ose, on se fait forcément des ennemis, puisque l'on entre en dissidence, puisque l'on choque le grand marécage tranquille de ceux qui, anonymes et peureux, se résignent à la soumission ; ce sont les ennemis du culot qui sont les vrais responsables de la crise. C'est cette France qui a peur de bouger, de s'ouvrir, qui préfère mettre sa tête dans le sable plutôt que de voir que tout change dans le monde autour d'elle ; c'est cette France qui n'a pas compris que du désordre individuel et fantasque peut naître un nouvelle ordre collectif. Depuis les travaux de Prigogine et Stengers sur l'ordre dissipatif, nous ne sommes plus à l'ère d'« une histoire de bruit et de fureur racontée par un idiot et ne signifiant rien ». Au contraire. Ce sont des bruits et des parasites que naissent les fulgurances et si l'on veut bien laisser germer dans sa jeunesse ses petites graines de folie, si l'on sait se moquer des conséquences du ratage et du qu'en-dira-t-on, alors le pari sur l'avenir a bien des chances d'être gagné. Le culot, en fait, n'est rien d'autre que la manifestation métaphysique, sonnante et ô combien ludique de la liberté. Notre mot d'ordre, encore et toujours : le gai savoir.

Comment s'est déroulé le rachat de la société Wonder ? Cette opération a déjà fait couler énormément d'encre mais je ne crois pas inutile d'en préciser certaines points. En 1982 j'ai appris, au cours d'une conversation avec un banquier de mes amis, que Wonder traversait une période difficile. A l'époque, la société était aux mains de deux gros actionnaires, la famille Brouillet-Courtecuisse et la banque Worms qui venait de racheter la participation d'Elf-Erap. Mon ami banquier me confie entre autres que la banque Worms devait avoir une idée derrière la tête puisque, tout en envisageant de procéder à une augmentation de capital pour se procurer de l'argent frais, et en nommant un directeur général, elle ne figurait pas au pool bancaire. Rien de plus bizarre qu'un banquier qui refuse de financer lui-même une entreprise dont il est actionnaire.

Mon équipe étudie Wonder de l'extérieur et nous aboutissons rapidement à la conclusion que la situation risque fort de se gâter à brève échéance. Cela ne semble d'ailleurs pas déplaire tellement à la banque Worms qui entend bien racheter l'affaire aux conditions les plus avantageuses. La “taupe” que j’avais introduite chez Wonder pour suivre l’évolution du processus constate la dégradation complète du compte d’exploitation, la chute des résultats et un retard dans l’augmentation du capital. Brouillet-Courtecuisse menace de déposer le bilan. La banque Worms ne voit pas le fait d’un mauvais œil puisqu’elle jouit du droit de préemption sur les actions Wonder auprès de la famille fondatrice. Paradoxalement, c’est cette assurance qui va la perdre. Forte de ce droit de préemption et donc persuadée que personne ne viendra se promener sur ses plates-bandes, elle s’endort tranquillement. Moi pas : je prends contact avec la famille quatre jours avant l’état de cessation de paiement pour lui proposer le rachat de ses actions à leur valeur en Bourse, c’est-à-dire au prix unitaire de 100 francs. Je vais même plus loin : je garantis à la famille 50 % de plus-values sur les titres. On m’oppose évidemment ce fameux droit de préemption. Qu’à cela ne tienne : j’offre de prendre à ma charge l’intégralité des frais de procédure et même d’assumer les sanctions judiciaires dont ils risqueraient d’être victimes. La famille se déclare rapidement d’accord. La cession a lieu un matin à dix heures, à midi je réunis le conseil d’administration et à seize heures je suis nommé président. Le lendemain matin, à huit heures, nous déposons le bilan. La banque Worms, qui ne participait pas au conseil d’administration, se réveille enfin et monte sur ses grands chevaux — la préemption — en clamant à tous vents : cette vente est illégale ! elle doit être annulée ! Mes avocats avaient bien sûr étudié l'affaire à fond : le droit de préemption n'est pas opposable aux tiers. La banque Worms peut demander réparation pour le préjudice causé mais elle ne peut en aucun cas faire annuler la vente.

De notre côté nous ne bougeons pas. Nous savons que la procédure ne peut aboutir. Lorsque le banquier comprend qu'il n'a pas la moindre chance de nous démolir, il se décide à négocier. Des discussions s'engagent, au cours desquelles je déclare entre autres : « Messieurs, je possède actuellement 37 % du capital de Wonder, vous en avez 35 %. Une bagarre ne servirait à rien et d'ailleurs nous sommes trop différents les uns des autres pour créer une alliance majoritaire et une cohabitation à l'amiable. Convenons donc d'une stratégie : je vous propose de soumettre ce litige à l'arbitrage d'un tribunal de sages qui examinera nos plans respectifs de restructuration industrielle et financière ; ce tribunal décidera qui, de la banque Worms ou du groupe Bernard Tapie, serait le meilleur repreneur pour Wonder. Si vous êtes d'accord, nous signons une convention aux termes de laquelle le perdant s'engage à céder à la partie adverse un nombre d'actions suffisant pour lui permettre d'être majoritaire. » Je leur rappelle que l'affaire est en dépôt de bilan et que ses dettes s'élèvent à 500 millions de francs — nouveaux bien sûr. La banque Worms accepte avec un sourire légèrement condescendant, persuadée qu'elle est de voir la balance pencher en sa faveur. Face à une banque bénéficiant de l'appui solide d'un des "grands" de la pile au Danemark, et dirigée par une présidente familière des allées du pouvoir, je n'aurais peut-être pas pesé lourd si je n'avais eu, moi aussi, un atout appréciable dans cette compétition. Je savais que le président de Saft-Industries, filiale de la Compagnie Générale d'Électricité dirigeait conjointement avec Wonder un groupement d'intérêt économique spécialisé dans la fabrication des piles alcalines. Je me suis engagé auprès de la C.G.E. à payer l'intégralité des dettes que Wonder avait contractées dans cette société, ainsi qu'à maintenir le G.I.E. en vie, processus dans lequel les Danois de Hellesens, amis de la banque Worms, n'avaient aucunement intérêt à s'engager, puisqu'ils possédaient leur propre unité de fabrication de piles. Lorsque le Président du Tribunal de Commerce, agissant en totale indépendance vis-à-vis de tous les pouvoirs politiques et financiers, a téléphoné au président de Saft en lui demandant quel était son sentiment, celui-ci a répondu : « Je ne peux pas prendre le risque de voir un G.I.E. qui fabrique des piles alcalines françaises mourir à cause de la défaillance d'un des deux partenaires. » Or, la participation des Danois de Hellesens au capital de Wonder par l'intermédiaire de la banque Worms, c'était la mort de l'alcaline française, car Saft-Mazda à lui seul n'avait pas les moyens suffisants pour faire vivre le G.I.E. Celui-ci a donc été mon joker, et le Tribunal de Commerce a prononcé son verdict en ma faveur.

Une fois réglé cet aspect de la question, je me

suis adressé à la banque Worms en demandant à sa direction de me vendre 15 % des actions afin que je puisse disposer de la majorité. Je rappelle que l'action valait à l'époque 100 francs. On me répond : nous ne serons pas vendeurs à moins de 280 francs. — 280 francs ? Banco ! Ils m'ont fait signer tout de suite de peur que je ne revienne sur ma décision ; sans doute se disaient-ils qu'avec une société en dépôt de bilan il y avait très peu de chances que je rentre jamais dans mon investissement. Moins de six mois plus tard, l'action Wonder était à plus de 500 francs, c'est-à-dire qu'en un an l'action a connu une augmentation de 500 %. Évidemment, tout cela ne s'est pas passé en un seul jour, mais, déjà, en juin 1985, Wonder enregistrait 3 millions de bénéfices. Tous les clignotants se remettaient au vert.

Je savais bien pourtant, avant même de racheter Wonder, que les enjeux n'étaient pas nationaux, ni même européens, mais mondiaux. Il fallait d'urgence attirer les investisseurs pour répondre aux besoins d'expansion nécessaire et faire face à la concurrence internationale. Le tableau du marché de la pile alcaline était en effet assez simple : les compagnies européennes étaient au nombre de cinq : Saft-Mazda, Varta, Philips, Wonder. Plus un groupe espagnol. Face à elles, le numéro un mondial, l'américain Duracell, qui fabrique 500 000 piles par an/personne alors que Wonder, en 1982, n'en fabriquait que 120 000 dans les mêmes conditions. Des mesures d'urgence s'imposaient : licencier 600 personnes et réorganiser complètement la société. En un an nous sommes arrivés à 300 000 piles par an/personne.

Wonder ne pouvait lutter contre Duracell qu'en procédant à l'acquisition d'une nouvelle société. Or, par un pur hasard, après avoir étudié l'ensemble du marché, il m'apparaît que le meilleur directeur général que je puisse trouver au niveau européen était Alain Royer, président de la division grand public de Saft-Mazda. Je l'engage et il me communique tout de suite une information extrêmement importante, à savoir que Saft-Mazda était en passe d'être vendu à Philips. Le clignotant s'allume en rouge vif car si Philips et Mazda s'associent, personne ne donnera cher de la survie de Wonder ; en effet, une association entre deux quelconques des cinq grands signifierait forcément à terme la mort des trois autres. Or, le principal actionnaire de Saft-Mazda est la C.G.E., toujours elle. J'appelle immédiatement mon ami Gabriel Farkas, journaliste économique de grand talent : je savais qu'il connaissait Georges Pébereau, le président de la C.G.E. ; je lui demande de m'organiser très vite un rendez-vous.

Farkas me rappelle dès le lendemain pour m'annoncer : « Georges Pébereau accepte de te voir en ma présence dimanche à treize heures ; il part pour les États-Unis dans l'après-midi. Tu auras une demi-heure pour le convaincre. » Je me rends donc au domicile de Georges Pébereau et m'aperçois très vite que j'ai la chance de me trouver en face d'un véritable industriel, d'un homme lucide, réaliste, et qui aime l'aventure. Il m'écoute en silence exposer mes arguments — j'insiste notamment sur la nécessité absolue de sauvegarder l'industrie française — puis il me regarde et me lance : « Je vous donne un mois. Si passé ce délai vous n'avez pas réglé l'affaire, je reprends ma liberté. » C'est ainsi qu'il me donne son accord de principe et qu'en même temps il suspend pour un mois les négociations avec Philips, qui étaient déjà fort avancées.

Je me retourne alors vers la banque Worms et je dois dire que l'attitude de ses dirigeants a été remarquable : d'entrée, ils font preuve d'un fair-play typiquement anglo-saxon. Nous nous étions opposés deux fois déjà, et deux fois ils avaient perdu. La première fois c'était à l'occasion du rachat de Testut et la seconde fois au sujet de Wonder, comme nous venons de le voir. Le directeur général de la banque Worms, homme de très grande valeur — j'avoue qu'il est l'un de ceux qui m'ont réconcilié avec les banquiers — m'appelle un jour en me disant : « Écoutez, on s'est battu deux fois, nous avons perdu deux fois, mais cette affaire-ci, tâchons de la faire ensemble. »

Nous travaillons donc au montage de l'opération. Immédiatement je m'aperçois que tous les candidats au tour de table pour le rachat de Saft-Mazda sont des institutionnels ; la banque Worms, la C.G.E. qui souhaite garder un certain pourcentage d'actions, la Banexi — une compagnie d'assurances — tous des nationalisés. Personnellement, je souhaite que le principal partenaire soit issu du secteur privé. C'est à ce moment-là que je pense à l'homme qui me fascine le plus en tant qu'entrepreneur : Francis Bouygues.

Je n'avais jamais rencontré le plus grand constructeur de France et de Navarre. Rendez-vous fut pris rapidement ; Bouygues donne son accord très vite et nous allons constituer un groupe d'intérêt économique qui visera à un développement mondial de la pile alcaline française avec bien entendu pour objectif l'acquisition d'autres entreprises.

Pour ce grand dessein, Bouygues et moi serons à égalité : je demeure cependant président et ma voix est prépondérante. En attendant, les résultats de Wonder démontrent à Bouygues qu'il n'a pas fait le mauvais choix : fin 1985, Wonder réalise un bénéfice de 17 millions de francs, en augmentant de 40 % ses ventes de piles alcalines et en battant les records absolus du marché boursier avec une augmentation de 560 %...

Là non plus tout n'a pas été simple. Pour la première fois de ma carrière, j'ai eu vraiment besoin des banques et des institutionnels, et là, que n'ai-je entendu ! Tapie, il ne faut surtout pas s'associer avec lui, il n'en a plus que pour trois mois, ça ne marchera jamais, bref l'éternelle litanie des ragots, des petites méchancetés et des grands sous-entendus. Heureusement, les dirigeants de la banque Worms se sont montrés courageux et ont tenu bon. Ils n'ont d'ailleurs pas eu à le regretter : des ventes n'augmentent pas de 40 % par simple opération du Saint-Esprit. Immédiatement, nous avons mis sur pied une nouvelle méthodologie de vente, mobilisé le personnel, lancé une campagne de presse. Wonder avait un côté vieux jeu, dépassé. C'est là où j'ai compris combien l'image que pouvait donner mon groupe, et aussi l'image que je donnais personnellement étaient primordiales pour la symbolique d'une entreprise. Je suis allé voir moi-même tous les grands patrons de la grande distribution ; à l'occasion du Tour de France, nous avons organisé des concours où les participants pouvaient gagner une voiture par étape ; parallèlement, nous avons mis en place tout un réseau d'animation dans les grandes surfaces. Dans le même temps, il a fallu procéder à la fermeture de nos filiales africaines qui ployaient sous le déficit. Et avec 600 personnes en moins et 25 % de chiffre d'affaires en plus l'affaire a été sauvée.

Bien se connaître, le culot, le courage, la confiance, l'effort. Si nous n'avions pas mis dans la balance toute notre énergie et toute notre force de conviction, si nous n'avions pas été aussi prompts à réagir, aussi souples, constamment aux aguets, jamais nous n'aurions réussi à reprendre Saft-Mazda et nous ne serions pas aujourd'hui en passe de devenir les numéros un européens. Les choses ne se font jamais par hasard.

6) Choisir ses causes

L'importance de la cause choisie, pour laquelle on crée sa doctrine personnelle, ne peut être basée que sur la sincérité, sur la vérité. Il ne faut jamais nager dans le sens contraire de son propre courant ; il ne faut pas non plus chercher à établir ses courants uniquement en fonction des marées environnantes.

Il faut croire en son étoile avant de croire aux galaxies. La symbiose doit être totale entre son profil et son chemin. Il n'est pas de grandes destinées lorsqu'on a fait le choix de la cause que l'on entend défendre, si celui-ci a été fait par opportunisme ou par calcul.

Il faut être le sujet de sa propre histoire.

Souvent des jeunes gens ou des jeunes filles viennent me voir et me tiennent le langage suivant : « Il paraît que la vidéo ça marche bien en ce moment, c'est un marché porteur, alors je vais m'y mettre. » Je leur réponds toujours que leur hiérarchie des priorités me paraît extrêmement contestable. Il leur faut d'abord trouver le secteur dans lequel ils se sentiront à l'aise, dans lequel ils pourront s'exprimer sans compromis, sans aller à l'encontre de leur vocation, de leurs appétits, de leurs désirs. Je ne crois absolument pas aux réussites durables qui se basent sur "le marché porteur". D'ailleurs, Alphonse Allais ne disait-il pas : « Les poubelles de l'Histoire sont remplies de tendances prolongées. »

Que ce soit en politique ou dans l'entreprise, il faudrait essayer de choisir toujours le plus efficace, le plus compétent, et non le cousin de la petite amie ou le beau-père de la femme de son commanditaire. Je ne me fais aucune illusion : on ne supprimera pas le népotisme, le favoritisme, les petits copains ou les grands coquins d'un coup de baguette magique ;

mais il urge de savoir que l'intérêt bien compris de chacun devrait pousser à choisir le meilleur : vos résultats n'en seront que plus brillants. Je voudrais donner là un petit exemple : Testut fabrique des balances de précision ; chacun sait que les balances sont composées de capteurs ; or il se trouve que j'ai créé une société de capteurs, la S.C.A.I.M.E. ; mais il est évident que Testut n'achète ses capteurs à la S.C.A.I.M.E. que si le rapport qualité/prix est le meilleur pour la société ; sinon Testut, dont les directeurs ont une autonomie de décision totale, a tout à fait loisir — et je l'approuverais — de choisir ses capteurs ailleurs. Quand j'engage un collaborateur, quand je travaille avec quelqu'un, je ne le sélectionne jamais en fonction de ses idées politiques ou morales, mais pour ce qu'il aura à faire dans le groupe : s'il pense tout le contraire de moi, ce n'est absolument pas mon problème.

On ne peut avancer en projetant ses états d'âme et en s'entourant de clones, de miroirs, de reflets plus ou moins pâles, mais bien de personnalités de talent et de vrais créateurs. C'est ça, la fonction de chef.

Si j'ai repris La Vie Claire, c'est parce que je suis convaincu, comme les Américains, du "you are what you eat" : vous êtes ce que vous mangez. A mon sens, l'expression "creuser sa tombe avec ses dents" est totalement vraie. Je me rappelle avoir lu un article qui m'avait absolument terrifié sur des autopsies pratiquées sur un certain nombre de G.I. américains tombés au Viêt-nam. On avait disséqué leurs corps et trouvé chez ces jeunes gens de vingt à vingt-cinq ans des taux de pesticides et d'insecticides qu'on n'aurait jamais décelés chez un vieillard de soixante-dix ans, il y a quinze ans seulement. Ces quantités effroyables d'hydrocarbones, ces nourritures ingurgitées dans les fast foods, tout ce que les Américains appellent le "junk food", c'est-à-dire une alimentation de poubelle, tout cela ne peut pas ne pas avoir d'incidences non seulement sur la forme physique mais aussi sur l'équilibre intellectuel et mental.

Je trouve pour ma part que l'escalade a assez duré et que la vertu d'une nourriture saine est fondamentale. Je ne suis pas végétarien moi-même mais je pense que nous devons faire extrêmement attention à ce que nous mangeons. Ce n'est pas par hasard si un certain nombre d'ouvrages sur les médecines naturelles et les produits biologiques deviennent des best-sellers.

Je ne tomberai pas pour autant dans le fanatisme imbécile, je ne serai jamais l'ayatollah de l'agriculture biologique ou du végétarisme. J'affirme simplement qu'il faut être très vigilant. Cela dit, après avoir consulté un certain nombre de médecins, j'ai introduit le lait à La Vie Claire, aux côtés des céréales et de leurs dérivés, des légumes et des fruits sous toutes leurs formes. Mais tout est toujours fabriqué et extrait selon le principe de l'agriculture biologique.

L'homme n'est pas plus fait pour consommer de la viande à tous les repas que pour boire de la vodka à longueur de journée. Le pain complet et le lait entier sont beaucoup plus nécessaires à un véritable équilibre que les terribles quantités de saloperies que l'on ingurgite du matin au soir. Dans mon esprit, La Vie Claire est aussi liée au sport. Lorsqu'il a fallu choisir un nom pour l'équipe de Bernard Hinault, je n'ai donc pas hésité une seconde...

C'est là qu'il y a synergie et création. Sur les conseils de Bernard Hinault et de ses coéquipiers nous avons conçu une gamme de produits alimentaires spécialement destinés aux sportifs de haute compétition et à tous ceux qui font des efforts prolongés exigeant une importante dépense d'énergie.

La Vie Claire est en quelque sorte le corollaire logique de mon amour pour le sport et de ma passion pour la santé sous toutes ses formes, car je ne crois pas à un esprit sain dans un corps atrophié et gavé de nourritures inadaptées.

7) Être leader

Être leader n'est pas une fonction génétique — on ne naît pas leader, on le devient — ni une situation définitive ou universelle ; vous pouvez être extrêmement fort, compétent, manifester des qualités évidentes de chef dans votre secteur, et être tout petit dans la vie quotidienne. Le leadership est une fonction liée à l'organisation et à la reconnaissance par les autres d'une hiérarchie momentanée : j'insiste sur ce mot. Nous n'avons que faire des présidents, des leaders à vie. Depuis un certain Bokassa, un certain Marcos et un certain Duvalier, on voit bien ce que donnent les nominations éternelles...

On ne devient leader inconstestable qu'à partir du moment où la population sur laquelle on va exercer son pouvoir le réclame, et qu'elle trouve auprès du leader tout ce qu'elle attend de son savoir et de ses pouvoirs.

Le savoir, les connaissances doivent apporter à la fois la sécurité, la pédagogie et l'ordre au sens noble du terme, c'est-à-dire une organisation harmonieuse, souple, efficace. Le véritable leader est celui qui accepte de prendre en charge non seulement ses propres problèmes, ce qui est la moindre des choses, mais les problèmes posés par les autres.

Être leader, ce n'est pas seulement un privilège ou l'exercice plus ou moins sain de la jouissance du pouvoir : c'est surtout la conscience de sa responsabilité, et la formidable motivation qu'elle suscite.

On devient comptable, non seulement de sa vie, mais aussi de la carrière et du devenir d'un certain nombre de personnes qui vous ont fait confiance et qui font un chemin avec vous. Cela ne permet plus les cabrioles et caprices d'une fantaisie irresponsable.

Il en va tout autrement pour une société leader, dont l'activité contribue à la fois à une mutation technologique et à un changement de la mentalité du consommateur. Quand l'innovation permet, par exemple, de passer d'une balance à une autre, quand la valeur ajoutée du produit institue un autre type d'acheteur, alors le leadership s'installe jusqu'à ce qu'il soit détrôné par d'autres, plus performants, plus innovants...

J'aimerais ici à présent m'étendre sur l'exemple de Terraillon car il est l'illustration de la manière dont une société peut, très vite, changer d'image et passer en deux ans de la faillite à la place de leader incontesté sur le marché européen...

Au départ, nous avons appliqué la même méthode que pour les autres sociétés : robotisation à outrance, gros budget de recherche pour améliorer la gamme des produits, politique d'expansion et de dynamisme à l'exportation, nouvelle définition commerciale, nouveau management, rationalisation des structures de l'usine. Deux éléments ont pourtant fait de Terraillon une expérience originale.

La balance était jusqu'ici inscrite dans ce que l'on appelle le cinquième rayon du bazar ménager, c'est-à-dire un secteur en perte de vitesse ; Terraillon en subissait évidemment le contrecoup. Nous avons voulu donner une autre image de la balance, en faire un produit de mode en l'intégrant dans la gamme des produits d'hygiène, de santé et de forme. Terraillon ne devait plus évoquer la pesée des pommes de terre mais s'apparenter au "connais-toi toi-même", au "aime-toi toi-même".

Terraillon fabriquait 5 000 balances par jour lorsque nous l'avons repris et nous avions une raison bien précise de nous intéresser à cette société : elle maîtrisait une technologie de pointe dans un produit grand public, notamment une jauge de contrainte avec ses capteurs de force qui se trouvaient être extrêmement en avance sur tout ce qui se faisait ailleurs. C'est pourquoi nous avons créé une structure indépendante — la S.C.A.I.M.E.* — qui est appelée à devenir le numéro un en Europe de la fabrication des capteurs et des jauges. Autre exemple de synergie et d'application à d'autres domaines — grâce aux recherches que nous avions effectuées en collaboration avec le C.N.R.S. sur les facilités d'application à l'Aérospatiale pour les hélicoptères, ou dans le domaine des fours à micro-ondes, pour le pesage des denrées alimentaires et aussi chez Renault dans l'équipe des voitures à moteur électrique des directions assistées, nous avons créé un produit nouveau, original, économique. Il y avait chez Terraillon une potentiel formidable qui ne profitait qu'aux balances ; aujourd'hui la S.C.A.I.M.E. réalise un chiffre d'affaires égal à celui de Terraillon et il est probable que dans quelques années Terraillon ne représentera plus que 10 % du chiffre d'affaires de la nouvelle société.

Ce n'est donc pas par hasard si Terraillon a fait des progrès fulgurants depuis son introduction en Bourse.

Que l'on cesse donc de me faire des procès ridicules sous prétexte que je ne crée jamais de société. La S.C.A.I.M.E., je l'ai créée de toutes pièces. De même que j'ai créé la Société Genevoise de

* Société de Conception et d'Application d'Instruments de Mesure Électroniques.

Mécanique à partir d'un service d'atelier qui coûtait très cher quand il se trouvait à l'intérieur de Terraillon. Avec le même effectif, la S.G.M. fait actuellement plus de la moitié de son chiffre d'affaires avec des clients extérieurs. Dans les années 50, tous prônaient l'intégration à outrance. Aujourd'hui, c'est le Japon qui nous montre l'exemple avec sa tactique et sa stratégie des réseaux ; chaque centre technique doit être indépendant, avec un compte d'exploitation autonome, afin d'optimiser ses connaissances et de pouvoir réagir de la manière la plus souple possible aux impératifs du marché, à l'anticipation de la demande et aux dures exigences de la guerre économique mondiale.

5.

Le système de la reprise

Dominique, ma femme, a été véritablement à l'origine de ma carrière de repreneur d'entreprises. Je l'ai connue au temps où j'étais conseiller ; elle était la secrétaire d'un de mes amis. Devenue ma compagne, elle constate que si je gagne très confortablement ma vie — c'est-à-dire, en 1976, plus de deux millions d'honoraires par an — je travaille comme un fou sans aucune garantie pour l'avenir ; je traite une série de dossiers les uns après les autres, mais aucune entreprise qui m'appartienne en propre. Dès lors, Dominique ne rêve que d'une chose : que j'achète une petite affaire et que je me range. L'on me propose une papeterie à racheter à trois millions de francs. J'avais huit cent mille francs d'économies, j'ai emprunté cinq cent mille francs en hypothéquant ma maison, et j'ai obtenu un crédit du vendeur sur deux ans pour la somme restante. A l'époque, la société dégageait annuellement cinq cent mille francs de bénéfices nets après impôts.

Chic ! se dit Dominique, cela nous suffira largement pour vivre et être heureux... Elle était bien contente que je quitte mon métier de conseil pour acquérir une petite affaire, en espérant bien que je m'en tiendrais là.

La suite lui a évidemment donné raison...

***

Éliminons d'abord la fiction du franc symbolique, qui a en partie fait ma réputation. Celui-ci correspond à la valeur de la cession des actions de l'entreprise, valeur bien évidemment symbolique dans la mesure où elle revêt un coefficient négatif ; son actif net étant négatif, son patrimoine est inférieur à ses dettes.

Lorsqu'une affaire est reprise, les engagements du groupe « repreneur » à l'égard des actionnaires vendeurs devront être intégrés au prix de revient de l'acquisition. Les engagements sont non seulement à reprendre à l'égard des actionnaires qui cèdent leurs actions mais aussi à l'égard des tiers. Il faudra débarrasser les premiers des cautions ou garanties personnelles qu'ils ont données ; et à l'égard des seconds, il faudra prendre l'engagement irrévocable de payer les dettes de l'entreprise.

Lorsque la décision d'étudier une affaire est prise, je vais y déléguer un certain nombre de collaborateurs, chacun spécialisé dans son domaine, afin "d'auditer" la capacité de l'affaire de faire face à la crise dans laquelle elle se trouve plongée ; et afin de savoir si elle est susceptible de redevenir une société performante. Chacun de ceux qui procéderont à l'audit aura d'autant plus intérêt à ne pas se tromper qu'il sera lui-même chargé, dans les premiers mois, dans les domaines relevant de sa compétence, de procéder à la restructuration. C'est en effet l'auditeur comptable qui assurera la comptabilité, c'est l'auditeur technique qui assurera la synergie avec la *holding*, l'auditeur marketing qui assurera le développement commercial, tout au moins pendant la période transitoire, c'est-à-dire entre le moment où l'affaire est reprise et celui où les cadres anciens ou nouvellement désignés auront remplacé l'équipe mise en place par moi.

Pour ce qui me concerne, je porterai mon attention sur deux points : l'un interne, et l'autre externe. Le premier traitera essentiellement de la relation sociale, de la relation des cadres, de la hiérarchisation et des principes de coordination ainsi que de la méthodologie. Savoir si les informations circulent bien, si les gens qui les font circuler sont crédibles, etc. Savoir également quelle est la réelle motivation des syndicats : se situent-ils dans une perspective de recherche de solution concrète, ou préfèrent-ils une stratégie plus politique, qui consiste moins à rentrer dans une phase de négociations qu'à renforcer une situation conflictuelle ?

A l'extérieur, partant du principe qu'on apprend beaucoup de choses en "auditant" l'environnement d'une entreprise — clients, fournisseurs, concurrents —, je vais essayer de me faire une idée plus concrète des problèmes qu'elle a rencontrés, avant de vérifier le travail fait par mes collaborateurs. Avant de toucher au corps du malade, il est nécessaire d'examiner les radios, le passé, divers témoignages, de manière à pouvoir donner le diagnostic le plus sûr possible.

Pour que la décision de reprise soit entérinée, il faut qu'il y ait accord unanime des "auditeurs" délégués par moi. Si un seul de ceux qui sont intervenus refuse d'assumer les responsabilités de la restructuration future, eu égard à l'analyse qu'il fait de la situation présente, il n'y aura pas de reprise.

Dans le cas où on donne suite, un certain nombre de processus sont engagés, le premier étant incontestablement la recherche des hommes. On va donc procéder à une analyse des gens en place, sans tenir compte de leurs fonctions précédentes au sein de l'entreprise. Une fiche sera faite sur chaque cadre, et même sur le petit encadrement, qui définira son profil de caractère, ses caractéristiques professionnelles, sa biographie, sa situation familiale, son âge, son origine et — pourquoi pas — ses diplômes ; il sera donc connu par cette fiche spécifique.

Simultanément, une équipe travaille à l'élaboration d'un organigramme où les cases ne seront plus définies en fonction des personnes, mais en fonction des profils requis par nous. On définit la « case » du chef du bureau d'études en disant : il doit avoir tel âge, posséder telle formation, telle expérience, tels traits de caractère. Une fois les deux études effectuées, on dispose d'une fiche signalétique de chaque personne figurant dans l'encadrement, et d'une fiche signalétique de chaque cadre représentant une fonction à remplir. On va donc affecter une personne donnée — si elle est déjà dans l'entreprise — sélectionnée parmi le personnel existant, afin de remplir les cases de l'organigramme. A la fin de l'opération, on obtient d'un côté des fiches de personnes sans affectation précise et de l'autre des postes non occupés.

On va donc essayer, dans un deuxième temps, soit par une formation spécifique, soit par une modification de profil, de réutiliser les personnes laissées pour compte ; et c'est seulement après avoir constaté que certains n'ont, hélas ! aucune place dans le nouvel organigramme qu'on s'en séparera ; s'il reste des cases non occupées, on ira chercher ailleurs leurs futurs titulaires. La première phase consiste donc à désigner les hommes compétents dans un organigramme redéfini.

La deuxième phase va être celle de la convalescence, pendant laquelle les cadres du groupe vont en double commande avec les gens nouvellement installés, ou reconfirmés dans leur fonction actuelle, gérer ensemble l'affaire dans la perspective d'une résurrection et d'une restructuration. Ce n'est qu'après avoir obtenu la garantie que les gens en place peuvent se suffire à eux-mêmes que, progressivement, au cours des mois qui vont venir, les auditeurs de la holding disparaîtront ; ne demeurera qu'un contrôleur de gestion, qui établira chaque mois une situation pour se garantir que les budgets prévisionnels et les tableaux de bord sont respectés.

Il me faut, à présent, expliquer comment les sociétés reprises dans un état d'agonie terminale redeviennent des sociétés saines. Auparavant, que l'on en finisse avec les recherches d'explications surnaturelles ou douteuses, du genre : c'est parce que les syndicats sont mes copains, ou parce que les socialistes m'ont aidé, parce que je connais les lois sur les faillites, parce que je ne rembourse pas mes dettes, etc. Lorsqu'une société comme Wonder, qui perdait 200 millions de francs en 1984, se met à en gagner, dès 1985, c'est tout simplement parce qu'elle fait 25 % de chiffre d'affaires de plus, avec 40 % d'effectifs en moins. Cela ne relève ni de la magie ni de Nostradamus, encore moins de la parapsychologie ; il s'agit d'une manifestation de logique pure, quasiment arithmétique. Si Wonder perdait de l'argent et que Duracell — notre concurrent américain — en gagnait, c'est parce que Duracell fabriquait 520 000 piles par an et par personne, et qu'avant la reprise, Wonder n'en fabriquait que 120 000 par an et par personne. Si aujourd'hui elle gagne de l'argent, c'est parce que l'association Wonder-Saft-Mazda "sort" aujourd'hui 650 000 piles pile par personne, elle est donc devenue plus performante encore que le plus performant de l'époque. Il ne faut donc y voir que l'habileté à appliquer un plan industriel basé sur une utilisation optimale de la technologie moderne, sur un marketing adapté au marché, sur une dynamisation à outrance des services commerciaux, sur la capacité de donner au grand public une image encore plus valorisante, et de fabriquer des produits adaptés non seulement au marché mais aussi au type de distribution du moment ; il faut également tenir compte de la prise de conscience d'un certain nombre de cadres qui savent désormais qu'on ne peut être efficace que lorsqu'on est responsable ; et que l'on n'est responsable que si l'on possède les moyens et lorsqu'on a la délégation de sa direction pour effectuer son métier en toute autonomie ; il s'agit aussi d'être en harmonie avec la culture qui va se dégager dans l'entreprise, d'y participer, d'y adhérer, et d'avoir le sentiment que tout ce qui va se dégager de l'image de l'entreprise sera considéré comme un élément positif et valorisant pour chacun de ceux qui travaillent dans la structure.

Mais terminons-en avec les arguments fallacieux de ceux qui ne supportent pas qu'on réussisse en dehors des passages cloutés. Que ce soit sous le gouvernement socialiste ou sous les gouvernements précédents, je n'ai jamais accepté de subventions ni de primes, ni aucun artifice de cette nature ; non parce que j'étais allergique à l'aide de l'État mais pour la bonne raison qu'on ne peut pas, d'un côté, défendre les principes du libéralisme, et de l'autre, être "assisté" par l'État. Quant à la loi sur les faillites, elle est connue de tout le monde, elle est la même pour tout le monde, et ses avantages sont tellement minces que 98 % des sociétés en faillite ne s'en relèvent pas ; quand on met ce pourcentage en opposition au nôtre — 100 % de réussites — on peut en conclure que la connaissance juridique n'explique vraiment rien.

Mes relations avec les syndicats ? Elles sont passées par toutes les phases possibles : euphorie, allégresse, quand nous étions animés des mêmes désirs ; il y eut aussi des moments de conflits irrationnels et insolubles, comme pour Manufrance où je partis huit jours après mon arrivée parce que les syndicats avaient décidé de placer le conflit sur un autre terrain que celui de l'entreprise, le seul qui devait pourtant mobiliser.

Enfin, il paraît que je ne paie pas les dettes. Nous avons, à ce jour, remboursé plusieurs dizaines de milliards d'anciens francs à l'État et plusieurs dizaines de milliards d'anciens francs aux créanciers des sociétés reprises. L'intégralité des concordats proposés ont été votés ; le vote le plus mauvais que nous ayons eu a été de 95 %, ce qui signifie que les conditions de remboursement des dettes ont toujours été acceptées dans des proportions très importantes, justement parce que les moratoires que nous proposions étaient extrêmement intéressants pour les créanciers, en tout cas bien plus intéressants que tout ce qui leur avait été proposé auparavant ; mais malgré toute la gentillesse que les gens témoignent à mon égard, je ne jouis pas encore du privilège de ne pas avoir à rembourser mes dettes. Et même si les créanciers le voulaient bien, la loi est impitoyable : si j'avais été défaillant, ne serait-ce qu'une seule fois, sur un seul de mes concordats, j'aurais été mis en liquidation de biens — c'est la règle formelle.

Un des éléments essentiels de la rumeur fut de proclamer que le fait de ne pas payer les dettes, pendant les deux premières années, des sociétés que l'on reprend est un élément essentiel de la résurrection de ces dernières.

Pareille réflexion témoigne éloquemment de la malveillance et de l'incompétence notoire de ses auteurs. Ceux-ci sont malveillants parce qu'ils devraient savoir que le fait de ne pas payer les dettes, les deux premières années, ne peut être attribué à un statut particulier que l'on m'aurait octroyé mais simplement au délai obligatoire et incompressible existant entre le jour du jugement de dépôt de bilan, et le jour de l'assemblée concordataire. Ces deux années sont nécessaires pour procéder à tous les actes judiciaires diligentés par les tribunaux de commerce et les mandataires de justice, afin d'arriver à la conclusion du règlement judiciaire qui se matérialise par l'assemblée concordataire. En effet, pendant ce laps de temps il va falloir procéder à un arrêté des comptes, à une vérification du passif, à un envoi de documents à tous les créanciers pour leur demander l'état de leurs dettes, à une procédure légale des demandes d'avis des créanciers privilégiés, et enfin à la demande de convocation légale de l'assemblée concordataire, afin qu'elle se tienne et qu'elle soit homologuée. Délai, donc, nécessaire. Pour tous.

Ces colporteurs de rumeurs sont aussi incompétents. Il suffit d'une demi-journée de comptabilité pour savoir que le fait de geler des dettes pendant deux ans ne change en rien le résultat d'exploitation d'une affaire. Cela modifie tout au plus la présentation du bilan qui verra en effet un exigible "court terme" passer en exigible "moyen terme" ; mais cela ne changera pas les résultats du compte d'exploitation ; ce qui peut modifier éventuellement celui-ci, ce sont les frais financiers économisés par la transformation du court terme en moyen terme. Or, tous ceux qui procèdent de près ou de loin à des analyses d'affaires en faillite devraient savoir que, malheureusement, cette économie de frais financiers liée au report des dettes a pour corollaire trois sanctions majeures, qui vont annuler tous les effets de cet avantage. La première sanction est la perte instantanée du crédit fournisseur, qui oblige à payer les fournisseurs comptant ; alors que les sociétés en bonne santé obtiennent trente, soixante ou quatre-vingt-dix jours, la société contrainte à payer comptant va consommer immédiatement une partie de sa trésorerie.

Deuxième handicap : toutes les charges de restructuration et de licenciement seront à prendre sur les premiers résultats d'exploitation, et par conséquent à rembourser instantanément, ce qui met l'affaire dans une situation extrêmement délicate par rapport aux affaires concurrentes ; car non seulement elle doit supporter les charges du personnel mais encore les charges de licenciement du personnel, ces dernières certes exceptionnelles qui ne se reproduiront plus dans le temps, mais qui sont à prendre sur l'exploitation ; ce qui va donc entraîner d'autres dépenses de fonds, et créer des frais financiers.

Enfin, troisième constante : toutes les affaires qui se cassent la figure ont au moins un point commun, c'est que pendant des années elles n'ont procédé à aucun investissement ; il va donc falloir, sur un délai très court, compenser les investissements qui n'ont pas été réalisés pendant toutes ces années ; ce sont là encore des charges exceptionnelles qu'on ne retrouvera pas.

Que se rassurent les braves gens qui se font beaucoup de soucis sur l'avenir d'une société achetée par le groupe Tapie, et qui ne veulent pas tenir compte de huit années d'expérience qui ont démontré que, quand ces sociétés sont entre mes mains, toutes redeviennent prospères, y compris et surtout quand elles paient leurs dettes. Dès que nous allons nous trouver en situation de payer nos dettes, ces sociétés ne s'en porteront que mieux, parce que les trois éléments négatifs vont disparaître : nous allons retrouver notre crédit fournisseur, notre compte d'exploitation bénéficiera de l'économie du personnel licencié sans avoir plus jamais les charges de licenciement, et nous nous trouverons dans une phase d'investissement normalement programmée. La preuve en est fournie par les huit années passées : toutes nos sociétés, après leur concordat, n'ont cessé de s'améliorer et de faire des scores magnifiques.

Je refuse d'autant plus les procès d'intention que je suis le seul à faire le métier de repreneur d'entreprises en difficultés en procédant de cette façon ; c'est-à-dire en reprenant des affaires avec leur actif et leur passif, donc avec leurs dettes. J'insiste : le seul. Tous les autres procèdent toujours de la même manière, qui consiste à mettre l'affaire en liquidation de biens et à reprendre uniquement ce qu'on a envie de reprendre, à la fois au niveau des actifs et du personnel, en laissant les dettes entre les mains du syndic qui ne pourra évidemment les assumer. Ce procédé s'appelle les "achats à forfait" ; ceux-ci sont pour moi la pire des choses dans la mesure où ils permettent les abus les plus incroyables. On rachète les stocks dans des conditions inadmissibles, on ne licencie pas le personnel puisqu'on ne reprend que les employés "intéressants" : il appartient au syndic de le faire, avec les problèmes humains et financiers que ces procédures impliquent. On assiste ainsi à des razzias intégrales des actionnaires comme des créanciers ; ils sont entièrement dépouillés sans aucun recours envisageable ; et comme, trop souvent, les repreneurs offrent des solutions qui ne peuvent pas être battues en brèche par des concurrents, le tribunal de commerce est dans l'impossibilité de refuser les offres scandaleuses qui leur sont faites, parce que aucune autre solution n'a été présentée.

Autre refrain, entendu avec plus de régularité que le mugissement des vaches qui regardent passer les trains : d'accord, oui, très bien, jusqu'à présent ça va, mais qu'est-ce qui va se passer la semaine prochaine ? On m'a dit ça au bout de deux ans, on m'a dit ça au bout de quatre ans, de huit ans, on me le dit encore, et je pense que je serai ainsi condamné à faire faillite tous les jours jusqu'à ma mort, pour ces bonnes âmes.

L'organisation de mon groupe a été conçue dès le départ avec une triple volonté. La première volonté est née de mon écœurement d'avoir vu longtemps des chefs d'entreprise se créer légitimement un luxueux train de vie, un patrimoine personnel immobilier et mobilier, mais arriver à un terme négatif, avec une société en liquidation ou en règlement judiciaire, sans modifier d'un iota leur train de vie ni toucher à leurs acquis. Scandalisé par cette situation, revendiquant le droit de gagner de l'argent quand ses entreprises fonctionnent, j'estime qu'il faut d'abord être cohérent et accepter la règle implacable de l'économie et de ses conséquences : riche, quand "ça" gagne, mais ruiné quand "ça" perd. J'ai repris plus de quarante sociétés ; à quelques exceptions près, si les sociétés que j'ai reprises étaient ruinées, ce n'était vraiment pas le cas de leurs actionnaires !

En choisissant le statut de société en nom collectif, je me suis engagé dans la voie de la cohérence et du risque, de manière irréversible. La particularité de la société en nom collectif, c'est de faire profiter l'actionnaire principal de la richesse réelle de sa holding, puisque celle-ci lui appartient. L'inconvénient, c'est qu'en cas d'orage tout y passe ; je n'ai en effet aucun bien qui puisse être épargné. Tout ce qui m'est personnel, jusqu'au dernier de mes biens, tout ce qui m'appartient — maison, voiture, etc. — passera en couverture de mes dettes. La société en nom collectif est une société transparente, qui permet de faire passer dans la poche de son propriétaire l'intégralité du fruit de son bénéfice, mais qui l'oblige à rendre, en cas de faillite, l'intégralité de ce qui lui appartient.

Quand je pense que certains m'ont fait un procès là-dessus, m'expliquant que ce statut avait été mis en place pour ne pas avoir à publier de comptes... Autre manifestation de malveillance et d'incompétence, qui vont d'ailleurs souvent de pair. Une société en nom collectif n'est pas du tout dispensée de faire les comptes. De plus, les sociétés qui sont la propriété de la holding sont des sociétés anonymes classiques, dont tout le monde peut se procurer à tout moment les bilans, en payant l'incroyable somme de vingt-cinq francs au tribunal de commerce !

Deuxième volonté d'organisation : ne pas rester monoproduit ; accepter l'idée, efficacement illustrée par les Japonais, que la seule façon de se préserver d'un avenir incertain est de multiplier raisonnablement les secteurs d'activité. Vieille formule populaire : ne jamais mettre tous ses œufs dans le même panier ! Lorsque l'alimentaire connaît quelques difficultés, le pesage va bien. Si le pesage se porte mal, le sport prospère. Si le sport végète, c'est la mode qui bondit. Si la mode ne va pas bien, c'est l'alimentaire qui reprend du poil de la bête... en étant multiproduits, on se protège des aléas d'un marché combien changeant...

Troisième volonté : chacune des structures du groupe doit être indépendante des autres. Nous n'avons pas monté notre groupe comme les trois quarts des holdings, c'est-à-dire comme un château de cartes ; qu'une seule carte vienne à manquer, et tout s'écroule. J'ai adopté une technique utilisée aux États-Unis comme au Japon, qu'on appelle la technique du râteau ; il y a un point commun, c'est le bâton ; mais celui-ci relie des dents individuelles et indépendantes, c'est-à-dire que chaque société est cloisonnée l'une par rapport à l'autre ; il n'y a entre elles aucune relation de finance ni de compétence ; chacune vit sa vie ; et si un jour un des doigts du râteau est malade, on le coupera, ce qui n'entraînera pas de gangrène pour le manche du râteau.

Voilà quels étaient les trois objectifs auxquels je me suis toujours attaché, et qui ont permis au groupe de prendre une consistance qui aujourd'hui me permet de dire, sans forfanterie, ce qui décevra peut-être quelques personnes, que le jour des tempêtes est désormais derrière nous.

Force m'est d'évoquer un élément qui relève certes plus de la psychologie que de l'économie. L'importance des pouvoirs publics, compte tenu des moyens dont ils disposent, est telle qu'une affaire qui dépend d'eux, soit directement parce qu'elle travaille pour des marchés d'État, soit encore plus indirectement parce qu'elle travaille avec l'argent de sociétés contrôlées par l'État, eh bien, cette affaire est forcément serve du Pouvoir, de quelque étiquette qu'il soit. Je ne me suis jamais intéressé à une entreprise qui, de près ou de loin, m'aurait obligé soit à négocier des accords spéciaux ou des privilèges octroyés par l'État, ou ne m'aurait montré qu'une partie importante de son chiffre d'affaires dépendant des marchés d'État, ou encore m'aurait obligé à emprunter dans des proportions telles que je sois "tenu" par des créanciers contrôlés indirectement par l'État. J'ai toujours agi en parfaite liberté à l'égard de quiconque : quel que soit le pouvoir politique, il ne peut pas inventer des situations qui n'existent pas ; je peux donc dire ce que je veux, quand je veux, à qui je veux, sans craindre un chantage possible ni à mon égard, ni sur mes sociétés.

Ma conception a toujours été de mettre en avant le fait qu'une société est un être vivant, qui à un moment donné se retrouve entre mes mains parce que je vais être le plus qualifié pour en prendre la responsabilité suprême. Certaines de nos sociétés ne sont pas destinées à demeurer éternellement dans le groupe. Deux raisons peuvent susciter une cession : premièrement, après l'avoir restructurée, l'avoir débarrassée de ses contraintes, de son passif, de son passé judiciaire, si on estime qu'entre d'autres mains, par exemple plus spécialisées, ou parce que, venant en synergie d'autres activités, elles peuvent lui apporter davantage de performances, à ce moment-là on cédera l'entreprise à celui qui nous semble plus apte à la faire prospérer davantage ; nous n'avons pas le droit de conserver une société si nous risquons de la faire stagner, ou de lui permettre un développement insuffisant par rapport à ce que d'autres seraient capables de faire. C'est ce qui s'est passé avec le secteur des arts graphiques. Prenons le cas de la S.A.P.A.P. : après avoir obtenu des performances formidables, des bénéfices, et une fois les dettes payées, nous l'avons cédée à un groupe qui, depuis, a triplé son chiffre d'affaires, parce qu'il valait déjà cinq fois plus que la S.A.P.A.P. dans la papeterie.

Autre cas de figure : soucieux de ne jamais m'endetter, pour procéder à de nouvelles acquisitions, et faire face aux besoins de fonds propres générés par celles-ci, j'ai la possibilité de cession partielle d'actif de sociétés que nous voulons garder ; dans ce cas-là on l'introduit en Bourse et l'on y vend une partie du capital ; grâce à ce revenu qui remonte à la “holding”, celui-ci peut faire face à de nouveaux investissements. Ou alors nous pratiquons la cession pure et simple d'une société, parce que nous estimons qu'elle n'est pas indispensable à la vie du groupe, et que le produit de cette cession sera mieux utilisé dans la reprise d'une nouvelle société. C'est notamment pour ces raisons que nous avons vendu Diguet-Denis, Alpha-Oméga, Mic Mac, etc.

Mon ambition n'a jamais été de diriger le plus grand groupe industriel français. Je n'ai jamais particulièrement apprécié les situations définitives. Une fois l'essentiel de mon travail fait, je peux accepter toute offre ; toutes mes affaires sont à vendre, à deux conditions : qu'elles soient entre les mains de gens qui prendront en considération la culture de l'entreprise telle que je l'ai instaurée, et qui la respecteront ; et que la crédibilité, la solvabilité et le sérieux de ceux à qui je la vends me permettent à coup sûr de savoir qu'il y aura une pérennité. Mais je n'accumule pas les entreprises comme d'autres accumulent les matériaux de construction...

Mon métier, c'est de prendre une affaire qui ne marche pas pour en faire une affaire qui marche bien, et non de construire le plus grand groupe industriel du siècle. Il se trouve qu'il y a des phases plus ou moins longues, plus ou moins importantes, mais toutes les sociétés sont destinées à être un jour ou l'autre cédées. Et si le groupe Tapie continue pour le moment de grossir, c'est tout simplement parce que j'ai repris des affaires de plus en plus importantes, que cela génère toujours un peu plus de personnel et un peu plus de chiffre d'affaires. Mais, dans la vie du groupe, il y a déjà eu différentes étapes importantes, avec des pauses, puis des redémarrages. J'en dénombre trois : la première a eu lieu en 1980, au moment où la cession de l'intégralité des secteurs "arts graphiques" m'a permis d'accéder au secteur agro-alimentaire. J'ai acheté et développé le secteur agro-alimentaire grâce à la cession des actions des sociétés du secteur arts graphiques ; puis avec les résultats des sociétés agro-alimentaires, nous avons investi dans le pesage, puis dans le sport, la pile, etc. Fin 1984, j'ai déclaré que nous n'allions plus reprendre d'affaires qui soient extérieures à nos secteurs actuels, tout simplement parce que nous avions plus de satisfaction et de résultats à attendre des secteurs que nous possédions que d'aller explorer des domaines neufs.

Pourquoi des pauses ? Lorsqu'un commandant de bord, dans un Boeing 747, choisit un niveau de croisière de 12 000 mètres, il ne s'y hisse pas d'un coup. Il va d'abord à 5 000 mètres ; à ce niveau, il reste deux ou trois heures, le temps qu'il consomme du carburant, qu'il s'allège ; ce n'est qu'ensuite qu'il reprend de la hauteur. Chez nous, de la même manière, on digère, on reprend, on investit, on cède, on se reconstitue un patrimoine, des fonds propres, puis on passe à l'étape supérieure.

Quant à mon attitude vis-à-vis de l'endettement, elle ne procède pas tout à fait de la démarche qu'adoptait mon père, qui me disait toujours : « Je n'achète pas de télévision à crédit, parce que je n'aime pas le crédit. » C'est pour cela que je n'ai pas eu de télévision quand j'étais gosse... Si je ne m'endette pas, c'est tout simplement parce que dans une époque où le taux d'inflation est tombé à trois points et que le taux d'intérêt demeure entre douze et quinze, et qu'il existe donc plus de cinq points de différentiel entre le taux d'intérêt et le taux d'inflation, au bout de cinq ans on ne peut plus rembourser ses dettes. De la même manière que les sociétés fortement consommatrices d'énergie ont été le plus touchées par la crise, toutes les sociétés endettées, dans les dix ans qui viennent, vont mourir. C'est pourquoi il faut procéder à l'introduction en Bourse et à la cession d'actifs inutiles ou improductifs ; il faut procéder à des augmentations de capital ; car l'essentiel du développement et des investissements doit être fait avec des capitaux propres, quitte à s'associer avec des sociétés à capital-risque, quitte à perdre une partie de son patrimoine personnel ; mais l'important est de ne point utiliser des fonds empruntés, parce qu'on ne sera pas capable, à terme, de rembourser les emprunts.

Il ne s'agit pas d'oublier que l'inflation basse est recommandable quand elle est le résultat d'une gestion saine. Mais si le taux d'inflation a baissé uniquement en fonction de critères politiques, s'il ne reflète pas réellement l'état économique du pays, c'est exactement comme si on soignait un malade de la tuberculose avec de l'aspirine pour calmer ses douleurs.

Mus par la nécessité de consolider, ou parfois de développer les sociétés reprises, nous sommes contraints de créer de nouvelles structures (n'oublions pas que 40 % du chiffre d'affaires du groupe est fait avec des sociétés entièrement créées) ; je n'ai d'ailleurs jamais bien pu noter la différence qu'il y a entre gérer des entreprises en faillite après restructuration, et créer des entreprises de toutes pièces ; cela procède toujours des mêmes vieux et sains principes, à savoir qu'il faut qu'à la fin il y ait plus d'argent qui rentre que d'argent qui sorte pour qu'une affaire soit bonne.

Les reprises d'affaires que nous faisons, nous les payons : par exemple le rachat de Saft-Mazda a coûté 200 millions payés à la C.G.E., et non un franc symbolique...

Mais ce rachat nous paraissait indispensable pour assurer la survie à terme de Wonder même. Car si Wonder était capable de faire face à son premier développement, à sa première phase de restructuration, le combat étant mondial, l'économie d'échelle étant importante, il fallait procéder à une croissance externe ; celle-ci s'obtient aussi par l'acquisition de parts de marchés détenues par d'autres sociétés.

Lorsque La Vie Claire, qui s'est développée dans des proportions telles que son marché national était couvert, veut affronter des marchés tels que les marchés japonais ou américains, sa croissance externe va s'obtenir en faisant rentrer dans le capital de la structure française des associés étrangers, dont on a pensé qu'ils avaient ou qu'ils détenaient par leur spécificité, leur qualification, leur compétence professionnelle et surtout par leur présence sur les marchés concernés, la possibilité de débouchés rapides et d'une augmentation notable de notre capacité d'exportation, quand on estime que celle-ci n'est pas réalisable par nous-mêmes. Il nous est arrivé de recourir encore à des solutions différentes, en ce qui concerne Look-États-Unis. Sa structure ne nous semblait pas suffisante pour établir des performances à la hauteur de nos ambitions. Nous nous sommes donc associés à Nordica, un fabricant de chaussures italien, en établissant une filiale : cette nouvelle structure distribue les produits Nordica et les produits Look. Là encore, la mobilité, la possibilité d'adaptation font qu'il n'y a jamais de schéma précis, figé, définitif, mais toujours adaptation, afin que la solution idéale réponde aux questions posées et procède toujours des mêmes objectifs : développer à la fois le marché intérieur et le marché extérieur. L'arche du système, je ne le répéterai jamais assez, réside dans la capacité de s'adapter sans cesse. Et de réagir.

6.

Les « chevaliers du ciel »

Des idées et des hommes : les deux maîtres-mots des tables de la loi des entreprises. Car qu'est-ce qu'une bonne idée si elle ne trouve pas ceux qui pourront l'incarner ?

Par la complémentarité de leurs compétences, la valeur de leur savoir-faire, l'étendue de leurs capacités, les hommes et les femmes qui composent le groupe sont évidemment l'élément majeur de sa réussite.

Toute philosophie de l'entreprise qui ne tiendrait pas pour son capital le plus précieux le facteur humain se condamne tôt ou tard au dépérissement certain.

Je sélectionne toujours mes collaborateurs les plus proches parce que je les ai vus faire, que je les ai suivis ou qu'on m'en a parlé. Je fonctionne au "coup de cœur". Il m'est arrivé de recruter par petites annonces, mais jamais pour l'état-major. Par exemple, Noëlle Bellone, la "nana" du groupe, était directrice générale de Leader Jet Service et je l'avais vue à l'œuvre. Je n'ai eu de cesse de la faire venir dans le groupe où elle est actuellement secrétaire générale, chargée de la communication.

Le cas d'Alain Jausselme, qui nous a rejoints en 1985, est tout à fait exemplaire. Il était secrétaire général adjoint du C.I.R.I., c'est-à-dire du Comité Interministériel de Restructuration Industrielle, directement rattaché au ministère de l'Économie et des Finances. J'avais travaillé avec lui sur un dossier et j'avais envie de continuer. Je lui ai donc fait des avances jusqu'à ce qu'un jour il me dise : « D'accord, j'ai envie de bouger, mais je veux d'abord un contrat, une lettre d'engagement et le règlement de mon préavis. » Autrement dit, il voulait des garanties avant de faire le grand saut. Je lui ai répondu : « Eh bien, donnez votre démission et on verra plus tard. » Il l'a fait. Pour un fonctionnaire qui avait grandi en tétant aux mamelles de l'État et de la garantie de l'emploi, ce n'était pas une mince affaire. Mais après avoir discuté avec moi, il a compris que je ne lui ferai pas de lettre : je n'ai jamais fait de lettre d'engagement à quiconque. Aucun de mes collaborateurs n'a de contrat. Il n'existe entre nous qu'un engagement verbal, et une confiance réciproque. Et cela dure depuis huit ans, sans que j'aie perdu ou licencié un seul d'entre eux.

Pour en revenir à Jausselme, il attendait mes instructions. Je l'ai simplement envoyé visiter les cinq divisions du groupe Bernard Tapie et discuter avec leurs patrons : « Vous allez vous apercevoir de ce que vous pouvez faire dans le groupe. Au bout de huit jours, vous en tirerez vous-même les conclusions : si vous n'avez rien à dire aux patrons des cinq divisions, c'est qu'il n'y a pas de place pour vous. Si, au contraire, vous avez des propositions à leur faire, ou si eux en ont qui vous conviennent, vous ferez une grande carrière dans le groupe. » Il est allé voir les responsables de l'agro-alimentaire, du pesage, de l'audiovisuel, du sport, de la mode et des piles. Partout, très vite, une dynamique s'est enclenchée. Il avait mis son expérience technocratique, sa pratique de la fonction publique au service du groupe, et on a rapidement pu l'apprécier. Cela dit, il ne comprenait pas qu'on ne lui offre pas son contrat signé en bonne et due forme...

Fabien Domergue, lui, était expert-comptable et financier de la Fiduciaire de France. Je l'ai connu en 1977. Il touchait, à l'époque, 5 500 francs par mois. Je l'ai vu travailler. Il était plein d'ambition et de dynamisme, ses dents rayaient le parquet, mais son chef direct ne voyait pas la force du bonhomme. Moi, ça m'a plu.

Tout est de l'ordre de la sensation. Je fonctionne véritablement aux vibrations. Une personne pleine de vie, de potentialité, dégage des ondes, nous envoie des vibrations formidables. Moi, je fonds ; je patauge avec délices dans le désordre amoureux, pour reprendre le titre d'un bon livre. Je me laisse aller. Il faut, pour que j'agisse, que quelqu'un m'attire. Je marche à l'amour, à l'enthousiasme, à l'intuition.

Quand l'un de mes collaborateurs manifeste la volonté de diriger une de mes sociétés, j'essaie d'accéder à sa demande. Mais la plupart peuvent être qualifiés de "grands commis du privé", comme on parle de grands commis de l'État.

Avenue de Friedland, au siège social du Groupe Bernard Tapie, nous disposons en tout et pour tout de cinq pièces qui sont communes à tous les collaborateurs — qui ne font qu'y passer — et à quatre secrétaires. S'ils s'y installaient tous, il m'aurait fallu dix-huit bureaux et une secrétaire à chacun ; cela ferait trente-six pièces ; avec quatre standardistes en plus ; on se retrouverait avec un holding ; on y prend ses aises, on pose sur son bureau la photo de sa fiancée ou de sa jeune femme, le petit cadeau fétiche de sa maman, son agenda, son dossier, ses téléphones... Il ne faut jamais oublier comment s'installe la bureaucratie, ce formidable Sida des entreprises. Tout le monde sait que lorsqu'on donne un franc à l'U.N.I.C.E.F. ou à l'U.N.E.S.C.O., 80 centimes vont servir à financer la subsistance de ces organismes ; il ne reste que 20 centimes aux enfants du tiers monde ! La France est malade de ses grands appareils verticaux et budgétivores, qui utilisent le plus clair de leur temps et de leurs énergies à s'auto-entretenir. Au siège social, je suis peut-être le seul permanent, avec mon secrétariat ; les autres nomadisent joyeusement. L'essentiel est que je sache à tout moment où les joindre. Ils n'ont aucun bureau fixe nulle part, mais des structures d'accueil partout. Où qu'ils soient, ils disposent d'une secrétaire et d'un téléphone. Le groupe compte cent seize usines dans le monde : mes "chevaliers du ciel" sont au Canada, au Japon, rarement en France tous en même temps. Il faut vraiment un événement exceptionnel pour que l'équipe au complet se réunisse. C'est complètement inutile. L'essentiel est d'être là où il faut, quand il faut.

C'est un système qui n'a rien de magique : je n'ai pas eu besoin de consulter des manuels de management pour l'imaginer. Il s'agit tout simplement d'assouplir, de délester, d'éliminer l'inutile. Dans tout ce que je fais et entreprends, je pars du principe que mes collaborateurs et moi-même devons à la fois nous amuser et être efficaces. L'entreprise — je ne le dirai jamais assez — doit être un lieu ludique. C'est amusant, c'est formidablement passionnant, de faire des affaires. Mais il importe sans arrêt de briser les structures sclérosantes, de lutter contre l'embonpoint, les routines, les habitudes, l'ennui, la résignation, toute cette grisaille qui ronge je ne sais combien d'entreprises fabriquant les employés résignés, les cadres sans motivation et les directeurs sans imagination. Je rappelle ce qu'écrivait Pearson, le président de Pepsi-Cola : « Le défi le plus délicat qui nous attend dans les années 80 est d'assurer que notre entreprise reste un endroit où il est passionnant de travailler. » L'essentiel est de ne jamais perdre la flamme, ne pas se laisser ronger par l'immobilisme ; celui-ci contient, en effet, une prodigieuse force d'inertie et bien malin qui peut résister.

A chaque fois que nous entamons des négociations avec une entreprise pour un rachat ou une reprise éventuelle, s'organise évidemment une série de réunions. Pas question de nous y rendre tous en même temps : chacun ne participe qu'à la réunion qui le concerne. Ainsi, étions-nous sept à examiner le dossier de l'accord Saft-Wonder. Il y a eu dix-huit réunions. Il aurait été ridicule d'y arriver chaque fois tous ensemble : personnellement, je ne m'y suis rendu que trois fois, parce que ma présence était nécessaire. Lorsqu'il s'est agi du montage fiscal, c'est Fabien Domergue qui s'est déplacé. Si l'on doit discuter de technique d'absorption, le délégué du groupe sera Gilbert Breyton. Avantage évident du système : nous pouvons ainsi mener plusieurs réunions simultanément, et dans des endroits différents, pour des affaires différentes. Penaant que je discutais du rachat de Wonder avec la Compagnie Générale d'Électricité et la banque Worms, Fabien Domergue prenait le contrôle d'une société de fixations de ski en Allemagne. Je m'amuse toujours dans ces circonstances de l'étonnement qui se peint sur les visages de mes interlocuteurs : « Comment, vous êtes tout seul ? » C'est simple : chez nous, pas de hiérarchie. Je suis le président du groupe et les dix personnes qui m'entourent sont à égal niveau de responsabilité et de prise de décision. La gestion "horizontale" n'a pas d'autre définition.

Cette manière de fonctionner, je l'ai puisée dans mon expérience d'ingénieur-conseil. J'ai assisté à tant de réunions inutiles où je voyais des gens intervenir davantage pour justifier leur salaire que pour participer activement à la marche de l'entreprise : leurs discours servaient au mieux à faire perdre du temps à tout le monde, au pire à bloquer les décisions. Dans la période présente, nous ne pouvons plus accepter de telles lourdeurs.

Résumons-nous : bien sélectionner ses collaborateurs. Ensuite, les motiver. Pour que quelqu'un se défonce, qu'il sorte tout ce qu'il a en lui et aille au-delà de sa résistance, il faut que ses interlocuteurs et lui-même sachent qu'il a le pouvoir de décider. J'ai commencé dès le rachat de Diguet-Denis : deux mois après, j'ai mis l'un de mes proches collaborateurs et je suis passé à autre chose.

Aujourd'hui, aux collaborateurs que j'embauche, je fais faire le parcours du combattant. Je sème des tessons de bouteilles sur leur chemin, je les mets immédiatement dans la gadoue, dans les difficultés — et Dieu sait s'il y en a —, je les envoie dans l'eau glacée à cent cinquante mètres de fond ; c'est là qu'on voit ceux qui résistent et ceux qui se protègent ; ceux qui tiennent le coup et ceux qui craquent ; ceux qui vont jusqu'au bout et atteignent leur but, et ceux qui laissent tomber en chemin. Je dois à la vérité de dire que l'écrasante majorité de mes collaborateurs les plus proches ont admirablement tenu la distance.

J'ai communiqué à mes collaborateurs la règle des trois "20" : il ne me paraît pas inutile d'y revenir. C'est un truisme que de constater que nous vivons dans une société où la vitesse joue un rôle fondamental, et où la séduction règne ; il faut aller très, trop vite si l'on a envie de conquérir, d'avancer et de creuser. Malheureusement, la dispersion frénétique du quotidien nous empêche souvent de découvrir les gens en profondeur. On passe à côté de rencontres passionnantes, de collaborations qui pourraient se révéler fructueuses. La règle des trois “20”, les 20 cm du visage, les 20 premiers mots, les 20 premières secondes, est en fait la règle du paradoxe. Qu'on le veuille ou pas, les vraies valeurs ne suffisent pas pour réussir : le plus doué des individus, s'il ne sait pas séduire, s'il ne sait pas conquérir, risque de rester dans l'ombre ; il ne rencontrera pas forcément des gens qui prendront le temps de découvrir ses trésors cachés.

Il n'est pas nécessaire d'être le sosie d'Alain Delon pour séduire. Mais un visage a immédiatement une apparence sympathique ou rébarbative, attirante ou repoussante ; il ne faut pas grand-chose, parfois, pour mieux faire passer les idées ou les projets que vous défendez : une coiffure adaptée au visage, une paire de lunettes mieux conçue, des vêtements plus ou moins fantaisistes ou, pourquoi pas ? une opération de chirurgie esthétique. Faire passer dans son physique l'image que l'on veut donner de soi est essentiel. Si vous arrivez chez un patron déguisé en baba cool, il y aura peu de chances qu'il vous prenne comme directeur responsable des relations publiques. La toute-puissance du look existe en fait depuis vingt ans : en faisant du porte-à-porte pour vendre des téléviseurs, je me suis aperçu à quel point l'apparence extérieure comptait.

Les 20 premières paroles prononcées pendant les 20 premières secondes sont également importantes. Elles doivent être le condensé de ce que vous avez vraiment envie de communiquer. Il faut porter d'emblée l'estocade, montrer tout de suite un fragment essentiel de sa personnalité. Je peux faire une rencontre dans un train où je n'aurai ni le temps ni l'envie d'écouter le passager qui me fait face, mais il peut en 20 secondes, en 20 mots, me surprendre, m'intéresser.

En ce qui concerne l'art de séduire, je ne me fais pas trop de souci pour mes proches collaborateurs. Ils se sont survalorisés à travers leurs différentes missions de sauvetage des entreprises. Il s'agit vraiment d'une des meilleures équipes qui puissent exister en France. Même mes adversaires, ceux qui pensent et qui disent depuis huit ans que je vais me casser la figure, sont forcés de l'admettre. Tous les chasseurs de têtes de France et de Navarre les sollicitent pratiquement chaque semaine ; je n'ai donc pas vraiment à m'inquiéter pour leur avenir.

La complémentarité des compétences est fondamentale au sein d'une équipe. Il faut des jeunes pour l'enthousiasme, des créateurs, il faut des gens plus âgés pour l'expérience, il faut des pessimistes car les affaires ne se passent jamais comme on le souhaite dans sa tête, il faut des techniciens, des technocrates, qui allient à la fois méthodologie et rigueur.

C'est cet amalgame de pessimistes, d'optimistes, de jeunes et de moins jeunes, de créateurs et de technocrates, qui fait l'une des originalités de mon groupe. Le problème de la plupart des patrons de la seconde génération, c'est qu'ils s'entourent de gens qui se ressemblent alors qu'il faut absolument rompre avec ce dogme imbécile qui conduit des professeurs de cinquante ou soixante ans à modeler à leur image des jeunes de vingt ans. Ce mimétisme, hélas ! encore en vigueur à l'E.N.A., à Polytechnique et dans toutes les grandes écoles, a souvent fait plus de mal que de bien. Je connais des technocrates qui ne s'entourent que de technocrates ; ils gèrent si admirablement qu'ils sont capables de vous dire toutes les demi-heures combien ils perdent d'argent. A l'inverse, l'on rencontre des individus tout à fait sympathiques, imaginatifs, pleins d'idées créatrices mais qui considèrent les technocrates avec le mépris le plus souverain. Le taux de croissance de leur entreprise est d'abord admirable, puis un beau jour se produit la catastrophe car aucune société ne résiste au délire débridé d'une gestion incertaine ou empirique.

En tant qu'ingénieur-conseil, je voyais plusieurs sociétés différentes chaque semaine ; mon rôle était d'analyser, de constater les lacunes, et souvent je me disais : si telle personne de la société X collaborait avec telle personne de la société Y, tout irait beaucoup mieux. Il m'arrivait par exemple de passer d'une boîte où la méthode l'emportait, hélas ! et de loin, sur l'imagination, à une autre dirigée par de jeunes fantaisistes aux idées parfois remarquables mais qui étaient aussi organisés qu'une bande de hippies sur le plateau du Larzac. La génération des 50-60 ans ne peut plus s'amuser à faire des clones qui lui ressemblent, et ce pour une raison très simple : 90 % des produits qui seront en vente sur le marché en l'an 2000, ou même en 1995, n'existent pas encore à l'heure actuelle !

Mon équipe, du moins les dix-huit personnes qui en constituent le fer de lance, je l'ai constituée comme une équipe de football ou de handball. Je n'ai jamais oublié les leçons du stade du Bourget. Il y a certes un capitaine, mais chacun des membres a son rôle à tenir, et si l'un défaille, cela va mal pour tous. J'ai un critère infaillible pour savoir si telle ou telle personne est bien à sa place. Quand elle n'est pas là, je reçois dans la journée cinq à dix coups de téléphone de gens qui la cherchent. D'autres peuvent s'absenter quinze jours, je ne m'en aperçois même pas, parce qu'elles ne manquent pas, qu'elles ne sont pas indispensables. Je sais que Clemenceau déclara un jour que les cimetières sont pleins de gens irremplaçables, mais je pense personnellement qu'il y a des gens beaucoup plus irremplaçables que d'autres.

Mes collaborateurs sont très spécialisés. Leur profil les amène à avoir des interventions très concrètes sur des secteurs d'activités extrêmement ciblés. Ils sont le contraire de ce que l'on a coutume d'appeler des généralistes. L'un connaît mieux le secteur technique : l'organisation des usines, les personnels de fabrication, la production, les machines, l'approvisionnement. Un autre s'occupe plutôt du domaine comptable : expertises, analyses, gestion informatique. Un autre du secteur financier, les banques, les comptes-clients, etc. Un autre encore du commercial et du marketing. Un autre encore est plus spécialisé dans les affaires juridiques, la Bourse, les opérations financières à l'étranger. Je m'occupe personnellement des exportations et des filiales. Voilà pourquoi j'avais chargé six personnes du dossier Wonder, et pourquoi je n'ai repris cette entreprise, comme je l'ai fait pour les autres, qu'après avoir obtenu leur accord unanime.

Il y a à ce propos un écueil important à éviter. Les patrons, même les plus intelligents, même les plus malins, s'entourent de collaborateurs qui peuvent finir par perdre leur esprit de contradiction et leur personnalité face à eux. Je prends le cas, par exemple, de Jacques Borel, qui pour moi est un grand patron. On a souvent expliqué sa chute par le fait qu'il s'était entouré de mauvais conseillers qui s'étaient avérés de véritables lèche-bottes. On ne dit rien au patron, même si on sait qu'il est en train de s'égarer complètement, parce qu'on n'ose pas le lui dire. Même sans esprit de flatterie, des collaborateurs qui ont vu pendant dix ans leur patron avoir raison contre leur avis, voient peu à peu leur esprit de contradiction s'émousser.

Un grand patron peut instaurer à son insu une véritable culture de l'irresponsabilité. Pour moi il est absolument fondamental que la discussion et que la tension créatrice existent. C'est pour cela que j'ai, parallèlement à mon équipe, un réseau d'amis que je consulte également : des journalistes, des hommes d'affaires, des gens extrêmement différents qui ne dépendent absolument pas de moi, qui ne sont pas mes salariés, et qui peuvent m'envoyer sur les roses — et c'est fondamental : si vous n'avez pas, face à vous, des gens capables de vous contrer durement, vous n'êtes pas un vrai patron. Hélas, le consensus flatteur est un danger moral pour l'entreprise, même, encore une fois, chez les plus grands et les plus remarquables des chefs.

Pour choisir ceux qui vous entourent et se préparent à "gagner" avec vous, il faut se connaître soi-même, savoir admettre la contradiction, avoir déterminé les domaines où l'on est fort et ceux où l'on est faible ; c'est pour cela que je n'ai pas choisi mes collaborateurs en fonction des études qu'ils avaient faites mais en fonction de leurs qualités humaines, de leurs expériences, de leur complémentarité, mais aussi en observant leurs capacités à "tenir" dans telle ou telle circonstance.

Quand j'affirme préférer le management horizontal au management vertical, qu'est-ce que cela veut dire ? Tout simplement qu'au lieu de multiplier les échelons dans la hiérarchie, ce que l'on fait partout ailleurs où on devient successivement collaborateur, directeur adjoint, puis directeur, puis directeur général, etc., je multiplie les sociétés dont je donne la direction à mes collaborateurs proches, c'est-à-dire que chacun d'eux gère quatre ou cinq sociétés, ce qui lui rapporte un salaire royal qui est aussi, à mon avis, une motivation : il est normal que les meilleurs aient les salaires les plus élevés.

Il est évident, par ailleurs, que mes collaborateurs jouissent de l'image médiatique de "Bernard Tapie", les inconvénients m'étant réservés. On ne reprochera pas à l'un d'eux ma mauvaise performance à la télévision, ou telle déclaration à la presse ; pour lui, il restera que Tapie suscite l'intérêt, même s'il y a discussion. Le fait de travailler dans l'une des sociétés du groupe s'accompagne d'un effet valorisant qui fait partie intégrante d'une stratégie concertée.

7.
La culture de l'entreprise

L'employé, aujourd'hui, est un Janus bifront ; il a à la fois besoin d'être intégré dans une entreprise sécurisante — parce qu'il a peur de l'avenir — et le ferme désir de se singulariser ; il veut être englobé dans une équipe de gagneurs et en même temps jouer les vedettes à part entière. L'entreprise moderne doit savoir assumer cette ambiguïté. Voilà pourquoi il faut privilégier les unités petites ou moyennes, employant des gens extrêmement motivés.

Nous sommes tous égocentriques ; nous aimons nous situer en vainqueurs, alors que nous sommes souvent bien moins capables que nous le pensons et que nous avons tendance à dissimuler nos lacunes derrière un verbiage culturel et technique qui nous rassure. C'est pourquoi il est nécessaire de donner aux collaborateurs d'une entreprise la possibilité de se projeter en vainqueurs, et les symboles de réussite auxquels ils peuvent s'identifier ; la fameuse culture de l'entreprise, dont on parle à tort et à travers, commence là. Bernard Hinault, par exemple, représente un symbole de gagneur formidable. Je pense, sans fausse modestie, que je constitue moi-même un symbole pour mes employés qui, on me l'a rapporté, plutôt que de dire "Je travaille chez Testut ou à La Vie Claire", préfèrent avancer : "Je travaille avec Bernard Tapie". Cela peut évidemment changer, mais mon activité médiatique, contrairement à ce que l'on peut croire, est d'abord destinée à renforcer cette image de gagneur que je partage avec les gens qui travaillent avec moi et qui, à ce titre, est indispensable.

L'idéal est qu'une entreprise parvienne à transformer les individus qu'elle emploie en êtres participatifs, animés de la volonté de s'engager sous la direction d'un chef, au rôle d'éducateur et de meneur. Trop de théoriciens et de technocrates du management ont raisonné sans se préoccuper de l'environnement, du marché, de tout ce qui influence les employés de l'extérieur ; ils ne connaissaient pas d'autre politique de direction du personnel que celle de la carotte et du bâton, ou d'un paternalisme déplacé qui a fait les preuves de son inefficacité. Je crois profondément que l'autorité n'existe que lorsque son incarnation humaine n'est pas discutable : c'est-à-dire qu'elle est placée entre les mains d'un individu dont le comportement a valeur d'exemple. Je ne crois pas aux maîtres à penser, en tout cas dans le domaine des affaires et de l'entreprise, qui ne paient pas de leur personne et s'enferment dans leur tour d'ivoire. Je crois aux valeurs d'exemplarité.

Il m'arrive d'essayer d'imaginer ce qui pouvait bien se passer dans la tête des hommes et des femmes qui travaillaient chez Terraillon ou chez Look, chez Wonder ou à La Vie Claire avant que je les reprenne. Depuis des mois, des années, ils savaient que leur entreprise allait mal, ils avaient un sentiment d'échec, sinon de culpabilité. En quelques mois, ils se retrouvent dans une équipe qui gagne, et qui après quelques mois de difficultés surmontées, rachète ses concurrents. C'est ce sentiment d'appartenance à une équipe forte qui fonde la culture de l'entreprise. Si on ne développe pas ce sentiment de fierté, on ne parviendra pas à faire naître une motivation suffisante. Pour qu'une entreprise fonctionne, les premières questions à se poser sont donc : de quoi a-t-elle l'air ? A quoi ressemble-t-elle ? Et surtout : quel message dégage-t-elle ? Car l'identification ne peut se faire que si le message est assez clair pour être compris. D'où la nécessité du symbole.

Il n'y a pas que la communication extérieure. Chacune de mes actions doit tenir compte de deux paramètres : certes, je me préoccupe de ce que les consommateurs potentiels, les médias vont retenir de tel ou tel geste, de telle ou telle reprise, de telle ou telle nomination, mais je me préoccupe surtout de ce que vont ressentir les milliers de personnes qui travaillent dans le groupe. L'image est devenue fondamentale. Il y a déjà vingt ou même vingt-cinq ans que le génial sociologue canadien Marshall McLuhan a fait observer que la forme commandait le contenu. Car ce que vous avez à dire, quelle que soit l'originalité du message — car on n'a pas tous les jours une idée originale, loin de là — vaut surtout par la manière dont vous le communiquerez. Je prends un exemple. Un constructeur de machines à laver a choisi de prendre comme symbole vis-à-vis de sa clientèle la fameuse mère Denis. Il a obtenu un grand succès publicitaire et je pense que l'idée était bonne. Mais je ne sais pas comment a été perçu le message à l'intérieur de l'entreprise. Personnellement, je pense que les employés de La Vie claire sont plus heureux de s'identifier à Bernard Hinault qu'à la mère Denis. Le symbole est fondamental pour l'image de l'entreprise.

Car il s'agit d'abord, et toujours, de rassembler des personnes que différencient leurs origines sociales, professionnelles, économiques, voire religieuses autour d'un même ensemble de valeurs, d'un dénominateur commun qui fonde l'adhésion de chacun à l'entreprise dans laquelle il travaille.

En choisissant d'être ce que je suis, de travailler dans les domaines que l'on connaît, de valoriser l'image publique du combat, de l'innovation, du dépassement et de la transparence, j'ai institué une certaine culture ; mais il en est d'autres, tout aussi légitimes : on peut opter, aux antipodes de ma démarche, pour le secret, le silence, l'opacité. A chacun son avancée ; l'essentiel est que celle-ci soit efficace et agréée par ceux qui la vivent.

Un homme ou une femme qui passent 80 % de leur temps d'éveil sur leur lieu de travail peuvent exiger une structure d'accueil favorable à leur épanouissement, à la reconnaissance de leur identité, à leurs ambitions, à leurs satisfactions, à la fois financières, intellectuelles et psychologiques. Ne nous faisons pas d'illusions : il existe encore, hélas ! dans les ateliers comme parfois dans les bureaux, des travaux répétitifs, routiniers, dont l'existence ne peut épanouir à elle seule une personne normalement constituée. En attendant que l'informatique, la bureautique et la robotique libèrent l'être humain de ces tâches, l'on peut tout de même agir, sinon sur le gestuel, du moins sur le mental. Le sentiment d'appartenance à une entreprise performante, l'identification à un symbole de réussite, à une métaphore de victoire, outre un bon climat dans l'entreprise, permettent de pallier en partie les carences de la répétition.

Le football procure une excellente illustration de cette démarche. Si je demande à un garçon de courir après un ballon, il me le rapportera au bout de quinze ou vingt minutes, en me disant : « Mais écoutez, votre jeu est idiot, je n'ai aucune envie de continuer. » Est-il un geste intrinsèquement plus inepte que de taper dans un ballon et de courir derrière pour voir si on arrivera à le mettre dans un filet ? En revanche, si je mets onze gars d'un côté et onze de l'autre, avec un arbitre au milieu, si je pose des règles, un défi, un objectif, cela transforme complètement le paysage ; ils vont se battre en donnant le meilleur d'eux-mêmes, ils vont souffrir, peiner et, pour gagner, ils seront prêts à n'importe quel sacrifice.

Le désir de gagner passionnera ces vingt-deux joueurs, ces deux équipes, mais non seulement eux mais aussi 30 000 spectateurs qui n'ont en réalité rien à faire avec les vingt-deux joueurs, qui ne sont ni leurs cousins, ni leurs amis, ni leurs parents, qui ne les connaissent pas, auxquels ce match ne rapportera pas un franc, mais qui sont prêts à tous les enthousiasmes dans les tribunes, afin que l'équipe qu'ils ont choisie soit victorieuse. Je crois que là est le nœud de la motivation. Ces spectateurs se sont identifiés à leur équipe respective, ils l'ont choisie et ils se nourrissent de son succès ; c'est vrai dans bien d'autres domaines. Bertolt Brecht disait : « Malheureux le peuple qui a besoin de héros. » Peut-être. Mais nous avons tous besoin de mythes, de symboles et d'images auxquels nous accrocher. Souvent, les politiques l'oublient, qui ne se présentent qu'en plats gestionnaires du réel alors qu'ils devraient, eux aussi, entraîner, enthousiasmer, mobiliser.

8.

Plus d'État ou moins d'État ? Mieux d'État !

La France bouge, dit-on, de plus en plus souvent. A ma grande joie, cela se vérifie. En 1985, 200 000 Français ont créé leur entreprise, 45 % de plus qu'en 1980 ; parmi eux, 60 000 chômeurs. Le slogan : « Devenez tous entrepreneurs » n'est plus considéré par les uns comme le dernier avatar du capitalisme suceur de sang, et par les autres comme une utopie folle ou une impossibilité physique et métaphysique ; surtout que cette France qui bouge n'est pas seulement, et loin s'en faut, composée "de faiseurs d'entreprises" mais aussi, et surtout, de tous ceux qui se prennent en main, qui tentent, qui vont jusqu'au bout de leur projet, que ce soit dans la vie associative, dans l'animation sociale, dans l'aventure au long cours ou dans la solidarité avec les plus déshérités : l'important est le mouvement et la réalisation.

Y aurait-il quelque chose d'un peu moins pourri au royaume de France ? Ma première satisfaction serait d'y être pour quelque chose. Ce changement des mentalités vis-à-vis de l'argent ne fait que commencer. Car alors que pour nous autres, entrepreneurs, c'est l'unité de mesure, la seule aune à laquelle nous pouvons êtres jugés, la population française est encore en majorité opposée à la notion de profit. Or, celui-ci est un des seuls objectifs qui puissent rendre à une entreprise son dynamisme et sa cohérence. Malheureusement, nous n'avons pas encore retrouvé le paradis terrestre tel qu'il était avant qu'Ève eût commis la faute de donner une pomme à Adam. Nous ne sommes pas non plus dans cette sublime société autogestionnaire rêvée par un certain nombre d'utopistes mais dans un monde postindustriel. Peut-on soustraire cette société aux lois du marché et donc du profit ? Si je suis chercheur à l'Institut Pasteur, mon objectif est de trouver le remède contre le cancer, ou un vaccin anti-SIDA. Si je suis dirigeant d'un club de football, le but est très précis : terminer en tête de la première division, ou si on est en deuxième, passer en première. Nous, entrepreneurs, sommes des créateurs de richesses. Il est bien beau de parler toujours du partage des revenus, mais encore faut-il, pour ce faire, que la tirelire soit pleine. Si l'on veut une distribution des fruits de la croissance, encore faut-il que cette croissance existe. Or, si cela a été le cas jusqu'aux années 70, le vent a tourné. « Le vent se lève, il faut tenter de vivre », disait déjà Valéry.

Qu'est-ce donc qu'un créateur de richesses ? Quelqu'un qui est à la tête d'une équipe compétente, et qui ambitionne de conquérir un marché dans une économie de concurrence. La notion de richesse est forcément liée à la performance de l'argent. Notre éducation judéo-chrétienne nous amène à une inefficacité assez dramatique dans le contexte actuel de la guerre économique mondiale, et des lois contraignantes du marché. Elle nous a inculqué une philosophie très claire : d'une part, la richesse est laide car elle ne peut se faire que sur le dos des pauvres ; par ailleurs, la richesse est source d'oppression, car elle donne le pouvoir d'écraser les pauvres ; et enfin, la richesse appauvrit encore des populations déshéritées. On reconnaît là les fondements du marxisme qui n'est autre que la version "matérialiste" du messianisme judéo-chétien.

En schématisant, l'on pourrait avancer qu'il existe deux grandes écoles de pensée :

— l'une, rationnelle, fondée sur une vision mécaniste, qui estime qu'il existe des besoins fondamentaux, recensables, répertoriables. Il suffit dès lors de se répartir les tâches le plus harmonieusement du monde, de façon qu'il n'y ait pas de double emploi. Cette conception commande un peu tous les modèles de sociétés utopiques qui éclosent à la fin du XVIIIe siècle et au début du XIXe. Dans la pratique économique de nos sociétés occidentales, cette pensée a triomphé dans les années 60, avec le succès des gros ordinateurs centraux dont on attendait qu'ils puissent intégrer toutes les données économiques d'une société moderne, mais également dans la fusion des entreprises, dans la régulation par l'État de tous les flux économiques. Que l'on se remémore l'ardente poursuite du Plan, toute la France se fantasmant une pépinière de mastodontes multinationaux, dansant admirablement sur le grand ballet de l'État-providence. Cette vision globalisante, gargantuesque, du monde a été battue en brèche depuis 1973 ; nous savons aujourd'hui que, non seulement *"small is beautiful"* mais que *"small is profitable"* ;

— l'autre vision est fondée sur une analyse plus monétariste dans laquelle le marché est considéré comme le seul arbitre et le seul stimulant. Selon cette conception, qui fut d'abord théorisée par des Français comme Jean-Baptiste Say, puis en Angleterre par la célèbre "main invisible" d'Adam Smith, et enfin par les "Chicago Boys" de Milton Friedman, les meilleurs sur le marché gagnent. Et pour gagner, il faut créer, innover, inventer, se dépasser. Ce qui revient à dire que, concrètement dans notre société, l'initiative individuelle arbitrée par le marché est plus génératrice de richesses et d'emplois que toutes les tentatives d'organisation systématique. Une grande entreprise peut encore — mais cela est de moins en moins possible — créer 2 000 emplois d'un coup. En revanche, 30 000 petites entreprises peuvent créer chacune un emploi, ce qui fera 30 000 emplois acquis... On sait que depuis dix ans, en France, ce sont surtout les petites entreprises qui ont généré des emplois.

Il faut savoir ce que l'on veut quand on parle de réduire les inégalités. Veut-on niveler par le bas ?

Tirer sur tout ce qui bouge ? Couper toutes les têtes qui dépassent ? Je ne crois pas que ce soit la bonne solution. Il existe une autre manière que je considère, personnellement, comme beaucoup plus stimulante et efficace : c'est de montrer au contraire ce qui dépasse et de dire à tous : « Regardez. Allez vers votre part la plus haute, et que ceux qui réussissent donnent l'exemple. » Là est le clivage, là est la véritable frontière entre une société qui se mobilise en permanence pour s'améliorer, et une société qui se démobilise pour devenir conforme, banalisée et nivelée dans la résignation. Or, en France, on n'aime pas ceux qui rentrent en dissidence, qui se marginalisent, qui bougent ; dès qu'on quitte le modèle breveté, on est confronté à toutes sortes de terrorismes, qu'ils soient d'ordre patronal, syndical, judiciaire, étatique, administratif ou autres...

Reste par bonheur qu'un irréversible mouvement d'autonomie a changé la face des choses. La vague de l'autonomie est en train de prendre de plus en plus d'ampleur. Mais ayons garde d'oublier que la lutte est permanente, qu'elle ne doit jamais s'arrêter, car la France frileuse, la France archaïque, à peine sortie de son féodalisme, de ses corporatismes, de ses situations acquises, ses assurances tous azimuts, regrette fort sa situation d'assistée... Or, le danger de la prise en charge, c'est que l'organe temporaire de substitution devienne définitif. Quand je prends des médicaments pour la digestion parce que je digère mal, très bien. Mais si, au bout de quelque temps d'absorption régulière, je ne digère plus que grâce à ces médicaments, l'effet pervers est devenu mal absolu. L'assistance doit être éphémère, sinon elle empêche définitivement l'individu de se réaliser et de s'incarner. Elle atrophie les facultés de survie individuelle. Elle anesthésie et augmente la dépendance de ceux qui en sont, apparemment, les bénéficiaires mais, en réalité, les victimes. Elle supprime donc la liberté.

Autant je suis partisan d'une solidarité totale envers les handicapés, les laissés-pour-compte, les victimes, autant je suis pour la reconnaissance des devoirs de chacun, à côté de ses droits. La nécessité de la responsabilité, face à l'obligation d'assistance ; la nécessité du risque, face au chloroforme profond de l'État-providence.

Aujourd'hui le défi est clair : d'un côté, une France qui veut se battre ; de l'autre, une France qui, non seulement n'a pas envie de bouger, mais en veut profondément à tous ceux qui essaient de se dépasser, de créer et d'innover, parce qu'ils lui renvoient le miroir de ses aigreurs et de ses impuissances. Au lieu de se servir de la réussite comme un élément moteur, d'en faire un exemple pour tenter de hisser les gens vers la meilleure part d'eux-mêmes, on culpabilise ceux qui réussissent. Si je ne vais pas bien, il m'importe non pas d'essayer de mieux me porter, mais que tous les autres soient malades.

Il y a une histoire épouvantable, celle de Marianne. Marianne a deux filles. L'une, Corinne, est vive, remuante, adorable. L'autre s'appelle "Jalousie". Un jour qu'elles vaquent à leurs occupations dans l'appartement de Marianne, une fée apparaît avec tous les attributs propres à la profession : une superbe baguette, un halo d'étoiles, une robe somptueuse... Elle se tourne vers Jalousie : « J'ai une bonne nouvelle, lui dit-elle. Je suis venue exaucer tous tes vœux. Tu peux me demander tout ce que tu désires. » Jalousie est ravie. Corinne, un peu timidement, intervient : « Et moi, bonne fée ? » — « Toi, ma chère petite Corinne, je te donnerai le double de ce que je donnerai à ta sœur. » Cris de colère de Jalousie qui s'exclame : « Mais, enfin, pourquoi ? Comment ? C'est inadmissible. C'est injuste. » Et la fée de rétorquer : « Mais, enfin, Jalousie, qu'est-ce que cela peut te faire puisque, de toute façon, j'exaucerai tous tes vœux ? » — « Je ne peux pas accepter que ma sœur ait le double de ce que je peux avoir. » La fée insiste : « Écoute, Jalousie, tu auras ce que tu veux. Tu entends ? *Tout ce que tu veux.* » Jalousie réfléchit, un long silence, et elle demande encore : « Alors, vraiment ma sœur aura le double de tout ce que j'aurai ? » — « Oui, absolument, mais encore une fois... » Jalousie l'interrompt : « Eh bien, dans ce cas, crève-moi un œil. »

Admirable morale de ceux qui ne s'épanouissent que quand les autres sont plus malheureux qu'eux. Morale, hélas ! très répandue, et à laquelle se heurtent tous ceux qui ont une idée, un projet novateur. Immédiatement, ils trouvent des gens dans leur entourage pour leur dire que leur projet ne vaut rien, que ça ne marchera jamais : non seulement leurs amis, mais également les banquiers qu'ils iront voir, l'avocat qu'ils iront consulter, les organismes officiels. Malgré cela, le projet se concrétise, ça marche ; la meute des détracteurs ne se tait pas pour autant : « Oui, il a réussi la première étape, mais cela ne tiendra pas. Aucune chance. »

Contre toute attente, contre toutes prédictions, le projet se développe, l'entreprise fonctionne, le succès commence à pointer le bout de son nez. Chœur des envieux : « C'est évident, ce n'est pas à cause de la valeur de son projet, ni en raison de ses qualités. Comment ? Vous ne savez pas ? Il a un beau-frère proche du Parti socialiste, sa belle-mère est secrétaire au R.P.R., son grand-père millionnaire paie des pots de-vin à tel maire ou tel ministre, il est copain avec la C.G.T. qui le laisse tranquille, il touche des subventions, il connaît les lois sur les faillites »... En ai-je entendu, moi-même, depuis que mes entreprises se développent. Et quand ça marche vraiment, quand vous avez réussi à imposer votre méthode, votre personnalité, votre force, continuent l'immense cortège des petites rumeurs, le magnifique bruissement des ragots de concierge : « Je sais qu'il ne peut pas payer ses échéances. Je connais le banquier Machin, qui m'a affirmé qu'il n'en a plus que pour trois mois. J'ai mon cousin qui est au tribunal de commerce, et je peux vous garantir que ça ne va pas durer. »

A ce sujet, deux histoires précises. Il n'y a pas longtemps, lors d'un dîner en ville, une dame qui occupe un poste important dans une banque nationalisée parlait devant une quinzaine de personnes : « Vous savez, j'ai des renseignements très précis sur Tapie. Il n'en a plus que pour deux mois. Les caisses sont vides et il est incapable de rembourser. C'est fini. »

Imaginez le préjudice que cela peut causer à un homme d'affaires, à un entrepreneur, quand un responsable bancaire tient de pareils propos... Heureusement, parmi les convives se trouvait l'un de mes avocats. Très calmement, il lui dit :

— Madame, vous êtes absolument sûre de ce que vous avancez ?

— Mais bien sûr, monsieur. Je ne me permettrais pas de dire des choses comme ça si je ne disposais pas d'informations solides.

— Eh bien, madame, puisque vous en êtes certaine, je vous demande, demain matin, une lettre me confirmant par écrit vos déclarations ; je suis l'avocat de Bernard Tapie. Je pense que vous venez de lui causer un préjudice grave, et si demain matin je n'ai pas une lettre confirmant ce que vous venez de dire, ou apportant un démenti à vos déclarations, je vous attaque en justice. »

Tête de la banquière, silence dans les rangs. Le lendemain, elle a envoyé une lettre à mon avocat qui commençait ainsi : « J'ai fait une enquête rapide, et on m'avait donné de fausses informations, je suis désolée. » Voilà comment ça se passe. Et voilà comment certains de mes ennemis intimes vont jusqu'à envoyer une fiche de Renseignements généraux, truquée et tronquée, à mes futurs partenaires dans des rachats d'entreprise.

Un jour, un de mes amis invité en Polynésie par le Président du Territoire se retrouve dans une réception avec un fonctionnaire du ministère des Finances. Tout à coup, il entend ces propos d'un sous-préfet :

— Oh ! Tapie, vous savez, ça ne durera pas. J'en suis sûr.

Mon ami lui demande :

— Mais pourquoi ? Vous connaissez Bernard Tapie ?

— Ah ! non, pas du tout.

— Mais vous avez des renseignements ?

— Non, non.

— Vous connaissez la situation de ses entreprises ?

— Non, non. Mais je sais que ça ne durera pas.

Pour montrer jusqu'à quel point peut grossir une rumeur : quand j'ai entamé la négociation pour la reprise de La Vie Claire, l'administrateur judiciaire a reçu du parquet de Corbeil une note expresse qui lui enjoignait de m'interdire toute candidature, sous prétexte que j'avais fait de la prison pour escroquerie. Carrément ! Là, on n'avait pas lésiné sur les moyens. C'était bien sûr complètement faux et pourtant, j'insiste, il ne s'agissait pas d'une note anonyme, d'un billet envoyé par un je ne sais quel corbeau, mais bien d'une communication officielle émanant du parquet de Corbeil. Heureusement, l'administrateur, qui est un homme solide, ne s'est pas contenté d'affirmations, il a demandé un extrait de mon casier judiciaire, a vu qu'il était vierge, et a rétorqué au parquet qu'il n'avait pas à tenir compte de cet avis puisqu'il était basé sur une information fausse. Ce fait date de 1980.

Propos de sous-préfet aux champs. Haute ou basse autorité. Ainsi courent les rumeurs.

Démarche tout à fait intéressante dans sa perversité qui consiste à dire : « Répandons toujours le ragot, dans l'espoir qu'il se vérifiera. Sinon, tant pis, nous trouverons autre chose. Mais nous aurons toujours essayé. » Un de mes amis m'a raconté une anecdote que j'aime beaucoup. Un jour, il disait à quelqu'un :

— Ce soir, je dîne avec Bernard Tapie.

— Comment, s'exclame l'autre, tu fréquentes ce type ? Ce n'est pas possible ! Tu n'as pas honte ?

— Mais pourquoi ? Je n'ai pas le droit de fréquenter Tapie ?

— Comment, tu n'es pas au courant ?

— Au courant de quoi ?

— Mais enfin, tu ne sais pas qu'il est mêlé à une histoire de vol de voitures ?

— Qu'est-ce que c'est que cette histoire ?

— Écoute, on m'a raconté que Tapie est intimement mêlé à une histoire de vol de bagnoles. Enfin... Je ne sais plus très bien si on lui a volé sa voiture ou s'il a volé une voiture, mais il y a quelque chose là-dessous, alors méfie-toi...

Anecdote à peine exagérée, mais typique. Du moment que vous sortez du rang, qu'on vous voit beaucoup, que vous vous distinguez, vous suscitez l'agacement des uns, la haine des autres, ou l'envie — mais heureusement aussi, en contrepartie, la formidable sympathie de dizaines de milliers de gens. Aux contempteurs professionnels, aux propagateurs de rumeurs, à tous ceux qui ne peuvent supporter que quelqu'un se montre entreprenant, coure des risques, dérange le mol édredon des assistances, des certitudes et des conformismes (mol édredon complètement plumé par la crise), je voudrais faire comprendre combien leur attitude est négative, pernicieuse, mortelle...

Heureusement, pour tous ceux qui ont la rage de vivre, de vaincre, de se développer et de conquérir leur espace, ces obstacles peuvent aussi représenter autant de victoires. Aventuriers et novateurs existent depuis toujours, qui ont essayé de briser les barrières élevées par la société. Beaucoup ont échoué et se sont résignés ; mais d'autres sont passés, ont montré que c'était possible, ont ouvert des brèches par où leurs successeurs se sont engouffrés ; plus ces brèches s'agrandiront, plus l'espoir se développe de voir un jour le paysage basculer. D'ailleurs, cela a bel et bien commencé, depuis deux ou trois ans. Il y a de plus en plus de gens qui franchissent l'obstacle, qui vont jusqu'au bout. L'opinion publique commence à reconnaître l'utilité des créateurs de richesses, à comprendre que c'est l'entreprise, et seulement elle, qui peut créer des emplois aujourd'hui. Ce slogan qu'on a si souvent entendu répéter : « La France n'a pas de pétrole, mais elle a des idées », il est temps qu'on l'incarne, car il est vrai que le plus important c'est l'imagination, l'intelligence, l'astuce, la créativité. Elles sont nos matières premières. Nous ne triompherons jamais par la méthodologie et l'organisation : nous ne sommes pas allemands ; nous sommes un petit marché, nous n'avons pas d'énergie ; notre main-d'œuvre, hélas ! n'est pas la moins chère du monde. Nous sommes donc condamnés à inventer. Nos usines de textile, par exemple, si elles restent dans les couches-culottes, n'ont aucune chance face à la Corée et à Hong Kong ou à Taiwan. Mais, en revanche, quand elles inventent, elles deviennent imbattables. On a compris désormais que l'État ne peut plus tout faire.

Pendant des années, les Français se sont abrités sous le parapluie de l'État. Que disaient en effet les politiciens ? Votez pour nous, nous ferons le reste, soyez tranquilles. C'est ce qu'on appelle la démocratie représentative : une fois tous les cinq ou sept ans, vous mettez votre bulletin dans l'urne puis vous vaquez à vos occupations pendant que l'élu s'occupe de vous. En période de croissance, ça n'a pas si mal marché : Churchill a pu définir la démocratie comme le pire des systèmes, à l'exception de tous les autres. Mais à partir du moment où la croissance a commencé à baisser dangereusement, le chômage à augmenter, l'incertitude s'est profilée à l'horizon, les gens ont commencé à se faire du souci. Ils voyaient que leurs pères tutélaires n'arrivaient plus à résoudre les problèmes et leur formidable soumission au savoir et au pouvoir s'est ébréchée. En 1981, ils se sont dit, du moins une majorité d'entre eux : puisque la droite n'arrive pas à résorber le chômage et à redresser la situation, faisons appel à la gauche ; apparemment, elle a des tas d'idées, cent dix propositions pour sortir de la crise, alors votons pour elle. Aujourd'hui, bien que la gauche ait obtenu un certain nombre de résultats non négligeables, notamment au niveau de l'inflation, les Français ont compris qu'il n'y a pas de méthode miracle et la gauche a surtout donné aux Français, à son insu peut-être, une leçon de lucidité et de réalisme. Personne ne résoudra les problèmes de la France d'un coup de baguette magique, et surtout pas si chacun n'y met pas du sien. Le salut ne viendra jamais d'un choix électoral, mais d'un choix de société.

Valéry disait que les civilisations savent désormais qu'elles sont mortelles. Je pense que la fonction publique sait désormais que son avenir est menacé. Non que je sois contre l'État et les fonctionnaires, mais enfin il faut être clair, le dilemme n'est pas entre moins ou plus d'État : il faut “mieux d'État”.

Il faudrait tout de même arrêter ce petit jeu de massacre de la classe politique, qui fait florès dans les dîners en ville, où s'épanouissent les sympathiques et irresponsables caquetages de quelques intellectuels en mal d'audience, et quelques personnalités médiatiques en quête de provocation. Je me déplace suffisamment à travers le monde pour avancer que les hommes politiques de mon pays n'ont rien à envier, bien au contraire, à leurs homologues des États-Unis, du Japon ou d'ailleurs. Si la France a besoin de toutes ses énergies, rien ne pourra remplacer un État fort et des administrateurs capables non seulement d'établir les nouvelles donnes, mais encore d'avoir l'intelligence et la faculté d'adaptation nécessaire afin d'affronter la complexité des enjeux et des rapports de forces planétaires. Nous autres entrepreneurs ne sommes pas là pour tirer à vue sur la classe politique, mais bien pour faire avancer la société civile et en stimuler les acteurs. Laissons la critique systématique aux chansonniers, de poil et de plume : c'est leur métier. Faisons le nôtre.

Il est évident que la somme des intérêts individuels ne fait pas l'intérêt collectif et qu'il appartient à l'État de gérer l'ensemble et de le réguler. L'idéal est de pratiquer, comme les Japonais ont très bien su le faire, à la fois un libéralisme de marché et un étatisme intelligent. Actuellement, la France est prise entre le marteau et l'enclume. D'un côté l'État qui ponctionne, prélève obligatoirement, impose un maximum pour une gestion qui n'est pas toujours heureuse. De l'autre, les syndicats, les corporations, les bureaucraties qui demandent : Encore ! Encore des prêts, des subventions, encore des augmentations de salaires... Et je me fiche totalement de ce qui se passe à l'extérieur de ma zone d'intérêt personnel ; la France, les Français, connais pas. Trop de féodalités réagissent encore ainsi. On va jusqu'à considérer comme un événement le fait qu'en 1986, Edmond Maire reconnaisse que l'entreprise n'est pas forcément un lieu d'exploitation et que le chef d'entreprise n'est pas systématiquement le fasciste sanguinaire dont il faut absolument couper la tête pour le bonheur du peuple !...

Pour illustrer sur ce point la différence des structures mentales entre les États-Unis et la France, je voudrais citer un exemple. Une société américaine, que nous avons reprise, a connu un important problème de succession. Le fondateur de l'entreprise avait laissé la place à son fils qui était, de l'avis de tous, un incapable notoire. Eh bien, les quatre cents membres du personnel se sont mis en grève pour affirmer leur refus de se laisser diriger par un incompétent, et réclamer son licenciement. Or une de nos sociétés françaises, que je ne citerai pas par pudeur élémentaire, a rencontré exactement le même problème. Mais là, nul n'a demandé l'éviction de l'incapable. Au contraire, le sentiment général était plutôt : « Chic, c'est un imbécile, on va en profiter ! » Pendant qu'il a été en fonction, le personnel a obtenu six semaines de congés payés, les tickets-restaurant gratuits... Il a tout accepté. Il a été un patron tout ce qu'il y a de plus social. Résultat : la boîte a déposé son bilan et c'est là que nous sommes intervenus. Voilà comment en France, l'alliance d'un patronat incompétent et d'employés à courte vue est trop souvent responsable des faillites. Le jour où les syndicats solides, car il en faut, sauront qu'il est important que l'entreprise non seulement fasse des bénéfices mais soit bien dirigée, le jour où ils y veilleront parce que, à terme, c'est leur garantie de l'emploi, alors quelque chose aura véritablement changé en France.

L'État doit laisser aux entreprises le domaine de la création de richesses. Même Rocard le dit : l'État ne doit pas être un producteur. Quel doit donc être son rôle ? D'abord, être capable de générer de grandes causes, de rassembler les Français sur de grands thèmes mobilisateurs, qu'ils soient d'ordre intellectuel, philosophique, humanitaire... Je suis frappé de voir qu'aujourd'hui tous les grands rassemblements se font sur des initiatives privées, des Restaurants du Cœur à Band-Aid, des collectes contre la faim en Éthiopie à S.O.S.-Racisme ou la défense de l'école privée. Et ce qui est regrettable, c'est de trouver des hommes politiques à la traîne d'un Coluche, alors que ce sont eux qui devraient susciter de tels mouvements. Cela donne une idée précise du déphasage entre la société politique et la société civile. Depuis pratiquement vingt ans, l'État en France n'a pas été capable de se mobiliser sur un seul grand dessein !

Ce fait me paraît être le signe d'une certaine faillite de la représentation politique. L'homme n'est pas seulement un tube digestif, une espèce de Narcisse égoïste ne s'intéressant à rien. On a beaucoup parlé de la "bof génération" pour qualifier les jeunes ; or, on voit bien que cette "bof génération" est toute prête à bouger pour peu qu'on lui offre un motif valable. L'enthousiasme, la chaleur, la volonté, l'envie d'agir n'attendent que d'être sollicités, mais au service de grands objectifs, et non sur des thèmes démagogiques.

Une deuxième initiative que l'on pourrait attendre de l'État et qui me paraît faire cruellement défaut, c'est la création de banques de données générales. Car si nous, entrepreneurs, créateurs de richesses, faisons de la micro-économie, la macro-économie, quant à elle, reste l'apanage de l'État. Anticiper sur les marchés mondiaux, analyser les phénomènes que nous ne maîtrisons pas, étudier les incidences des rapports diplomatiques, les régulations monétaires, nous éclairer sur l'endettement du tiers monde, ou sur les rapports avec le Fonds monétaire international, sur les dangers de l'intégrisme ou ceux de la déstabilisation, c'est-à-dire assurer à un échelon supérieur cette fonction monitoring et cette fonction radar que je définirai plus loin, tel est son rôle. Car il est bien évident qu'une prise d'otages à Beyrouth, la destruction d'un pétrolier dans le détroit d'Ormuz ou le refus du Mexique de payer ses dettes peuvent avoir des répercussions très lointaines et inattendues. A l'État de nous tenir au courant de toutes les implications possibles.

Pour aborder un autre aspect du rôle de l'État, je parlerai de la crise. On glose beaucoup sur ce thème. Depuis dix ans, c'est devenu la tarte à la crème, alors que pendant longtemps on a pratiqué la politique de l'autruche. Essayons de simplifier les choses.

La première crise est d'ordre international. Force est de reconnaître que la capacité d'action de la

France à ce niveau est quasi nulle. En attendant une hypothétique stratégie commune des dix pays européens, qui seule pourrait être efficace, l'unique action positive à mener pour nous est d'améliorer la capacité concurrentielle de nos entreprises sur les marchés mondiaux. Vaste programme, déjà.

La seconde crise, plus spécifique à la France, est d'ordre structurel ; elle a pour origine la difficulté de certaines de nos industries et de nos entreprises à renouveler de façon convenable leurs méthodes de production et leurs gammes de produits. Pour réagir, il est urgent de développer l'esprit d'entreprise, et là, il s'agit davantage d'une évolution, voire d'un bouleversement des mentalités.

Enfin, il y a une troisième crise qui se dissimule derrière les deux autres mais qui n'en est pas moins importante, c'est celle qui résulte des mutations technologiques. Car l'automatisation, la robotisation, l'informatisation — qui permettent de produire davantage, plus vite et avec moins de personnel — posent gravement la question du temps de travail, de son aménagement et de sa répartition. Pour que cela puisse se passer sans trop de heurts, sans affrontements sanglants, en attachant tout l'intérêt qu'il mérite au facteur humain, la question doit être posée et débattue avec les salariés et leurs représentants. Ce pourra être par l'intermédiaire des syndicats, des cercles de qualité, mais cela impliquera surtout un véritable effort d'adaptation, difficile mais indispensable.

Je ne suis pas un admirateur fanatique du Japon,

mais néanmoins je vais chaque année y passer un mois pour m'y ressourcer. L'exemple japonais, même s'il n'est pas directement transposable en France, est extrêmement riche d'enseignements sur ce que pourrait justement faire un État qui voudrait affronter avec le maximum d'armes et d'atouts la guerre économique mondiale et les problèmes posés par l'évolution technologique. Car enfin le Japon non plus n'a pas de trésors cachés dans son sous-sol, mais il a dû compter dès la fin de la Seconde Guerre mondiale sur ses propres capacités, sur ses propres forces pour vivre et prospérer.

Les raisons de la croissance japonaise nous ramènent souvent à des constatations simples. La spécificité du caractère japonais réside dans sa tendance à respecter le consensus — et dans l'observation de trois paramètres, les trois invariants du miracle japonais : emploi à vie, promotion à l'ancienneté et syndicalisme d'entreprise. Mais ce qui est intéressant, c'est le rôle qu'a joué l'État japonais dans l'observation et la "capture" des technologies occidentales. L'État japonais, comme l'écrit justement Charles Johnson, s'éloigne dans ses comportements de nos États de type réglementaire. Il attache plus d'importance aux règles du jeu qu'aux résultats de l'appareil de production ; il choisit des priorités économiques, sur la base d'options politiques, naturellement déterminées par des considérations géographiques, géopolitiques et stratégiques ; et il les fait assumer par les entreprises privées, en maintenant la distinction entre secteur privé et secteur public, mais en les faisant coopérer. Trois facteurs essentiels expliquent la réussite japonaise et ils sont, eux, totalement transposables en France pour peu que l'État et la société civile comprennent qu'ils ont chacun une mutation à opérer et un autre jeu à jouer que cette comédie de boulevard traditionnelle entre le père nourricier et l'enfant irresponsable ; car, à force de tirer sur cette corde-là, craignons qu'un jour cela ne nous mène à la situation d'une Albanie touristique et culturelle où nous ne survivrions plus que par nos parfums et notre mode : je n'ai pas envie de voir mon pays transformé en un gigantesque parc touristique où de riches visiteurs viendront nous jeter des cacahuètes en écoutant nos poètes, nos intellectuels et nos philosophes pérorer dans les tribunes prévues à cet effet. J'exagère ? Bien sûr. Mais c'est bien pour exorciser ce spectre qu'il faut bouger. Et maintenant.

Au Japon, donc, c'est une organisation étatique pilote qui impulse toute l'économie, conformément aux priorités choisies. Il s'agit d'une administration aux effectifs restreints, donc peu coûteuse, mais formée par une élite où se retrouvent les meilleurs, issus des écoles prestigieuses et recrutés par concours. Cette élite est constituée de généralistes qui tournent, qui sont mobiles, souples, adaptables, qui échangent des fonctions publiques pour des responsabilités privées. Tous quittent leur institution au plus tard à cinquante-cinq ans. Leur rôle : sélectionner les secteurs à développer, superviser la concurrence entre secteurs stratégiques à partir du moment où la concurrence qui est bénéfique dans un premier temps tourne au désavantage de l'intérêt général. Il existe au Japon une fort intéressante division du travail entre politiques et fonctionnaires. Les premiers gouvernent, les seconds exécutent et administrent. Les fonctionnaires sont totalement protégés des groupes de pression politiques susceptibles de contester, de saboter ou d'empêcher la réalisation des objectifs économiques, c'est-à-dire de l'essentiel.

Les modes d'intervention de l'État japonais demeurent toujours conformes aux règles du marché. L'État protège le maintien d'une concurrence maximale au lieu de la restreindre par injonctions réglementaires. Les fonctionnaires eux-mêmes bénéficient d'une liberté d'action, c'est-à-dire de responsabilités véritables et on les compare à des diplomates en train de négocier un accord international, leur marge d'initiative étant équivalente. Tous les projets de lois et décisions administratives sont discutés en permanence avec les parties prenantes, syndicats, banquiers, patronat, etc. C'est une démocratie, ou une autocratie de la transparence. Je ne résiste pas au plaisir de citer quelques extraits du livre de Michel Random intitulé *La Stratégie de l'invisible*. Nous devrions méditer la leçon.

« La tactique d'encerclement japonaise ressemble au jeu de go qui est un jeu national japonais. Pour contrer les lois protectionnistes, les Japonais ont massivement investi en Occident ; plus de 20 000 sociétés ont été créées et, chaque année, les Japonais établissent des records d'investissements à l'étranger (5,3 milliards de dollars pour l'année 81-

82). Pour l'année fiscale 1983, les Japonais ont enregistré un excédent de 24,28 milliards de dollars et parallèlement l'excédent de la balance commerciale a atteint 34,6 milliards de dollars, contre 20,14 milliards en 1982. Le paradis des financiers japonais produit en Occident l'enfer du chômage. Mais, au moment où tout va mal, la stratégie du go recommande de ne pas écraser l'adversaire. Alors que le jeu d'échecs, qui paraît vulgaire au Japon, recommande de tuer le roi, le jeu de go implique une victoire relative. Il suffit d'être le meilleur et de donner à l'autre une bonne leçon.

« L'encerclement du marché italien et son étude donneraient lieu à une période très riche d'enseignement sur la stratégie japonaise. A Milan, où vivent les deux tiers des 5 000 Japonais résidant en Italie, tout est extrêmement feutré. Les agents n'ont là que des bureaux de représentants, mais ce sont ces hommes qui, avec un acharnement peu commun, ont réussi contre toute la bureaucratie italienne à réaliser l'accord Alfa-Nissan, un modèle du genre. Pendant ce temps, autos, motos, appareils photo, machines à écrire, appareils de musique inondent le marché italien pour la satisfaction des acheteurs qui se retrouvent dans leur rapport qualité/prix. Mais le déficit de la balance commerciale italienne dans ses échanges avec le Japon se chiffre par milliards. »

N'en est-il pas de même en France ? Et ce n'était pas la dérisoire mesure de Michel Jobert se prenant pour Charles Martel qui allait changer le paysage.

Michel Random continue ainsi : « Les Japonais

renforcent leur position en affaiblissant l'économie nationale. Puis ils apportent un nouveau souffle en investissant à leur tour le pays, contribuant ainsi à redresser son économie. Dans tous les cas, ils restent les maîtres du jeu. Mais c'est ici que la réflexion atteint sans doute son plus grand intérêt. Les Japonais ne sont pas uniquement des stratèges machiavéliques. Ils sont convaincus que leurs principes de management peuvent contribuer effectivement à redresser l'ensemble de l'économie occidentale, surtout si elle finissait par être en grande partie sous leur tutelle. Leur philosophie de l'entreprise vise à changer l'homme, à non seulement améliorer la qualité et produire plus et mieux, mais à changer les conditions de vie et, à terme, la société, tout en élevant le niveau de vie... L'incroyable réseau et les structures de production et les structures commerciales japonaises possèdent une infinité de centres de points interconnectés mais tous reliés à un centre ultime qui est la force traditionnelle et nationaliste du Japon, elle-même incarnée par l'Empereur. »

C'est-à-dire à l'État. Et c'est là que nos traditions colbertistes tant décriées depuis deux siècles et, hélas ! à juste titre pourraient fournir un formidable point d'appui à nos initiatives. Mais à condition que l'État devienne justement le lieu géométrique, le maître de ballet, le régulateur de toutes ces interconnexions, ces ramifications et ces structures. Pas d'illusions : nous sommes aujourd'hui contraints, et nous le savons, à de déchirantes reconversions.

Et Michel Random d'ajouter : « La fameuse "révolution tranquille" à la japonaise signifie essentiellement renforcer la créativité, favoriser la souplesse et l'expansion à tout prix de l'économie du pays. Développer une initiative personnelle pour, comme le dirait le Premier ministre Nakasone, "en faire un outil plus efficace et plus dynamique, une revitalisation de la société et de l'économie propre à promouvoir l'évolution vers le XXIe siècle". »

Leçons que nos gouvernants feraient bien d'appliquer mais qui ici illustrent la remise en question constante que les Japonais savent faire de toutes leurs structures pour les adapter.

« Dirigiste, le Japon ? Certes, tant que le dirigisme fait l'affaire, souple et prêt à bondir pour gagner la partie du proche futur, pour vaincre à tout prix cette bataille gigantesque. Cette souplesse est un changement de cap qui consiste à adapter les structures intérieures et à neutraliser les adversaires extérieurs. Faire l'effort, l'investissement, et adopter la stratégie nécessaire. Ne pas faiblir, maintenir et accroître le rythme de l'expansion à tout prix. L'ouverture partielle du marché japonais restera destinée à favoriser essentiellement ce même marché, notamment dans les secteurs de haute technologie. »

C'est la leçon du Japon : une leçon que nous devons non seulement méditer, mais à notre tour adapter et intégrer. Elle sera la meilleure parade contre les décadences et les dépérissements. Un pays comme la France peut, même dans ce climat à la fois délétère mais mobilisateur de crise, qui suscite des situations conflictuelles ou anxiogènes, redynamiser la société avec quelques équipes d'hommes pragmatiques, compétents, complémentaires, libres et opérationnels, détachés des avantages sectoriels ou catégoriels, respectueux des motivations profondes des individus. Il faut montrer davantage ce qui réussit et moins ce qui échoue : faire circuler le dynamisme dans les têtes et pas seulement l'instinct de mort, essayer de pousser, d'encourager, de motiver ceux qui bougent, ceux qui essaient, plutôt que de ternir leur réussite et de tourner leurs efforts en dérision. Faire de sa faiblesse une force, utiliser la force de l'adversaire pour augmenter la sienne propre sont aussi des enseignements des arts martiaux japonais. Il faut arrêter de chercher des boucs émissaires à nos manques et à nos renoncements : bien sûr, de Colbert au Code Napoléon, nous pouvons dresser la liste des responsabilités, et d'ouvrage en ouvrage, de traité en colloque, de séminaire en journée d'études, d'excellents docteurs se penchent depuis des années et des années sur le malade en proposant leurs diagnostics et leurs remèdes, parfois fondés. Mais rien ne se fera si chacun d'entre nous ne s'attache pas à donner de lui ce qu'il a de meilleur. Nous avons aujourd'hui le plus urgent besoin d'hommes d'action, pas seulement de grands docteurs ; de volontaristes, pas de cyniques résignés ; d'entrepreneurs prêts à prendre des risques, pas de nourrissons vagissants.

Charles Maurras opposait, il y a un demi-siècle, le pays légal au pays réel. Le clivage est aujourd'hui ailleurs : entre une France qui bouge et une France qui a baissé les bras, entre une France qui veut se dépasser et une France figée, aigrie et hargneuse, entre une France qui a choisi l'ouverture, la conquête, la lutte, et une France qui a choisi le repli, la démission, l'aigreur. De l'issue du conflit entre ces deux types de mentalité sera évidemment fait notre avenir. Nous tiendrons notre rang dans cette formidable mutation planétaire qui a déjà commencé ou nous deviendrons une Andorre sympathique.

***

Certains entrepreneurs ne survivent que grâce aux subventions de l'État. On peut dire ce que l'on veut de moi, mais je n'ai jamais demandé, ni reçu d'ailleurs un sou de l'État. Ni prêt bonifié, ni subvention, ni prime, ni aide à la création d'entreprise, ni quoi que ce soit. Depuis 1977 j'ai dû rembourser à l'État une vingtaine de milliards de centimes — car tous les dépôts de bilans suscitent des créances privilégiées que l'on doit au Trésor public — et ce sans qu'il y ait jamais eu un jour de retard dans mes paiements. On peut faire aussi un autre calcul : si je n'avais pas repris ces sociétés ou si elles n'avaient pas marché, six à huit mille personnes au moins — je ne tiens pas compte de celles qui auraient été, de toute façon, réembauchées ailleurs — auraient perdu leur emploi, directement ou indirectement (avec les sous-traitants), ce qui aurait coûté à l'État près de quarante milliards de centimes supplémentaires.

Si j'ai refusé l'aide de l'État, ce n'est pas par grandeur d'âme ou pour me singulariser, mais pour une simple question de logique et de cohérence. Comment comprendre ces chefs d'entreprise qui passent leur temps à maugréer contre l'État et qui, au lieu de partir à la conquête des marchés au Japon, aux États-Unis, en Amérique du Sud ou ailleurs, se contentent de traverser le pont de l'Alma pour aller quémander chez leurs anciens camarades de promotion de l'E.N.A., de Polytechnique, de Centrale ou des Mines, devenus fonctionnaires, des subventions qui ne font que pallier leur manque de combativité et de créativité ?

Force m'est de dire aussi que j'ai été vacciné. Car quand j'ai voulu reprendre Diguet-Denis, la S.A.P.A.P. et mes petites affaires de papeterie, je sortais de Cœur-Assistance et du Grand Dépôt. Inutile pour moi d'espérer — après ces échecs — obtenir une quelconque subvention. Aucune banque non plus d'ailleurs ne voulait m'allonger une ligne de crédit. Et sans Pierre Despessailles, directeur de la S.D.B.O., société bancaire filiale du Crédit Lyonnais, membre du Tribunal de commerce et banquier — à qui je ne cesserai jamais de rendre hommage — je n'aurais jamais rien pu faire...

L'habitude des subventions devient un phénomène pervers, car plus vous en demandez, plus vous serez amené à en redemander. Si j'en étais là, au lieu de redresser les boîtes, je financerais les pertes de l'une avec les subventions accordées à la nouvelle société que je viendrais de "sauver". On m'a d'ailleurs soupçonné de procéder ainsi : « Ah ! Bernard Tapie, il fait de la fuite en avant, il rachète et ça lui permet de... » En somme, on m'accuse de faire de la cavalerie d'entreprise. Ridicule : si ma situation était mauvaise, il est évident que le fait de reprendre une affaire en faillite la rendrait encore plus mauvaise.

Mais la véritable raison de mon refus de toute subvention est encore ailleurs. Pour qu'une affaire soit viable, il faut qu'elle s'inscrive immédiatement dans un contexte classique de marché concurrentiel, et non dans un système privilégié d'assurances et de subventions. La société, comme la nature — on peut le déplorer ou s'en réjouir —, avantage les forts, et n'est pas très tendre pour les bébés sous couveuse. Si vous touchez des subventions, vous allez en tenir compte dans votre compte d'exploitation, et le jour où, pour un motif quelconque, elles seront suspendues, ce sera encore plus dur. Il vaut donc mieux affronter tout de suite le marché avec ses propres armes.

Ces subventions peuvent d'ailleurs avoir des effets pernicieux. Je l'ai vu dans le secteur de l'imprimerie : certains petits imprimeurs marchaient très bien, payant régulièrement leurs fournisseurs et leurs employés, avec une comptabilité parfaitement nette. Voilà qu'à proximité, une autre imprimerie fait faillite, ne paie plus ses dettes et risque d'être déclarée en cessation de paiement. Pour conserver des emplois, elle demande et obtient des subventions de l'État. Cela lui permet de casser les prix. Ses voisins sont alors obligés de s'aligner pour rester concurrentiels. Résultat : un an plus tard, tous se retrouvent dans la gadoue. Il est inadmissible que des dizaines d'imprimeurs, notamment dans le secteur des arts graphiques, aient ainsi plongé à cause de la concurrence déloyale que leur faisaient des boîtes subventionnées par l'État. Et scandaleux que les plus intelligents et les plus sérieux pâtissent de la mauvaise gestion de canards boiteux que l'on aide artificiellement, et souvent sans espoir, à survivre.

Je ne veux pas dire que l'État ne doive jamais intervenir, au contraire. Mais il doit réserver son intervention aux industries indispensables au pays, qui sont sur le déclin mais qu'aucun repreneur privé n'a les moyens de remonter. Je pense au secteur de la machine-outil, par exemple, peu attractif pour le secteur privé, car il nécessite des investissements à long terme (et les industriels sont pressés car l'endettement coûte cher, et il est difficile de le soutenir). Or une nation industrielle comme la France ne peut pas se passer de machines-outils. Là, l'État doit intervenir, avec résolution et fermeté, comme il le fait au Japon ou aux États-Unis.

Il est aussi un autre aspect des relations de l'entreprise et de l'État que l'on pratique encore, hélas ! fort peu ; c'est le domaine des rapports avec les instituts de recherche, véritables cavernes d'Ali Baba et que le cloisonnement étanche pratiqué il n'y a pas si longtemps encore entre secteur public et université soustrait à ce qui pourrait devenir un formidable réservoir de richesses et d'innovation.

Lorsque nous avons voulu doter Terraillon d'une capacité technologique très avancée — eu égard à la concurrence japonaise, qui risquait de devenir mortelle —, nous avons demandé au C.N.R.S. de Grenoble si des chercheurs travaillaient dans le domaine des capteurs de force avec jauge de contrainte très performante. Or, le produit existait déjà au Centre, mais personne, dans le monde de l'entreprise, ne le savait. Notre bureau d'études a donc informé le Centre national de la Recherche de Grenoble des contraintes de prix et des nécessités d'un produit grand public, bon marché, résistant, et pouvant être fabriqué à une cadence annuelle de 20 000 à 30 000 unités.

Grâce au dynamisme du responsable du Centre qui n'avait pas de problème métaphysique quant à une collaboration entre recherche et monde industriel, nous avons acquis le brevet, développé le produit, ce qui donne aujourd'hui à Terraillon une avance technologique de trois ans sur ses concurrents, avec un procédé qui peut être utilisé non seulement pour les balances mais aussi dans l'industrie automobile...

Autre exemple, plus significatif encore. La Vie Claire, spécialisée comme chacun sait dans l'agroalimentaire et les produits naturels, envisageait une diversification orientée vers la cosmétologie en faisant appel à des techniques dérivées de la phytothérapie et de l'aromathérapie. Il se trouve que ce domaine a déjà été largement exploité, mais surtout par des guérisseurs et des empiristes, pour qui fabriquer des produits de beauté à base de plantes consistait essentiellement à apposer un joli dessin de plantes sur le coffret. Notre bureau d'études était incapable à lui seul de faire les recherches nécessaires dans ce domaine. Alors nous nous sommes adressés au C.N.R.S. ; en l'espace d'un an et demi il a réussi, en association avec nos chercheurs, à mettre au point une véritable révolution sur le plan mondial : l'isolement de la cellule A.D.N. végétale ; si l'on connaît le rôle que joue l'A.D.N. dans la régénération cellulaire, il est facile de mesurer l'importance de ce processus.

Ces deux exemples témoignent bien de la richesse et de la diversité des capacités de recherche au niveau des structures publiques. Encore faut-il que nous fassions l'effort de nous adresser à elles, car c'est nous qui devons aller vers elles et non l'inverse. Ces chercheurs ne partagent pas leur savoir de gaieté de cœur ; certains, malgré l'évolution des mentalités, sont encore extrêmement réticents vis-à-vis des entreprises privées, synonymes surtout de recherche de profit. Il est tout à fait normal qu'un chercheur, compte tenu de la modicité de son salaire et de la "déviation" qui risque de frapper son invention, soit dans de telles dispositions. Pour que cela change, il suffirait pourtant d'opérer un véritable décloisonnement et de permettre aux chercheurs de bénéficier eux aussi de l'enrichissement généré par la société qui "industrialisera" leur invention. Les gens se mettront peut-être alors à phosphorer davantage et les barrières tomberont plus facilement.

Hélas ! nous ne sommes pas près de voir s'instaurer un tel état de choses, en tout cas pas tant que le service public persistera à faire main basse sur les cerveaux issus des grandes écoles de notre pays. Car dans tous les domaines de formation, les meilleurs éléments reçus aux concours d'entrée s'engagent à servir pendant dix ans dans l'administration, ce qui constitue un appauvrissement terrifiant de notre secteur privé. Mais il y a plus grave encore : ce règlement n'est en fait que la traduction d'un état d'esprit. Si demain chacun de ces cerveaux était libre de choisir sa voie, il n'est pas du tout évident que cela changerait grand-chose. Lorsque des parents ont consenti des sacrifices pour permettre à leur fils ou à leur fille d'effectuer des études longues et coûteuses, ils sont tout simplement atterrés le jour où leur rejeton, sorti troisième de Polytechnique, leur annonce : « J'ai décidé d'entrer chez Lesieur. » La réglementation n'a rien à voir là-dedans ; il s'agit tout simplement d'un réflexe bien français qui consiste à se réfugier le plus vite possible dans les bras de la mère patrie.

Cela commence heureusement à changer : mais nous en sommes encore aux prolégomènes. Continuons le combat.

9.
Merci, patrons...

J'en suis, avec le Conseil national du Patronat français, à la même place que Voltaire avec Dieu : on se salue, mais on ne se parle pas. Je fus longtemps considéré par les institutions patronales dûment brevetées comme un canard boiteux, quelqu'un à éviter à tout prix, une brebis quasiment galeuse, le propagateur du Sida dans les familles, et autres gentillesses dont certains n'ont cessé de m'affubler depuis que je me suis lancé dans les affaires. Même aujourd'hui, au bout de huit ans, alors que le Groupe Bernard Tapie fait près de dix milliards de chiffre d'affaires et emploie douze mille personnes, le trop fameux C.N.P.F. continue de me bouder. Tapie ? Ils ne connaissent pas. La seule personnalité du C.N.P.F. avec qui j'ai pu dialoguer jusqu'ici, c'est Dominique Calzaroni qui s'occupait du service de presse, au cours d'un déjeuner tout à fait privé, en 1985. Je n'ai rencontré Gattaz qu'au cours d'un débat public avec Fabius et moi-même.

En 1984, la Fédération nationale des agences de publicité m'a désigné comme l'homme ayant le mieux incarné les relations sociales dans l'entreprise. Et à l'occasion de la remise du prix, en février 1985, était organisé un grand dîner auquel Yvon Chotard, ex-vice-président du C.N.P.F., devait assister puisqu'il était chargé de remettre le prix. Que croyez-vous qu'il arriva ? Grosse surprise : Chotard tomba malade. Ça arrive, n'est-ce pas ? Objectivité du hasard...

Je n'en veux pas à Yvon Gattaz. C'est quand même un homme de terrain, un patron en exercice. Mais je pense que s'il n'était pas entouré d'un réseau de bureaucrates chez qui le nom même de Tapie provoque des éruptions d'urticaire, nous aurions pu avoir d'autres rapports. Il faut bien dire que cela ne m'empêche pas de dormir. Car les grands patrons, les vrais, pour moi, les Francis Bouygues, Antoine Riboud, Gilbert Trigano, Sylvain Floirat ou Jean-Claude Decaux, ceux-là sont devenus d'excellentes relations. Il n'y a aucun problème entre nous parce qu'ils sont dans la pratique et savent ce que signifie gérer une entreprise. Comment voulez-vous qu'une bureaucratie patronale rassemble les meilleurs ? Ils ont autre chose à faire. On a proposé à Serge Crasniansky, le P.-D.G. de Kis, d'être vice-président du C.N.P.F. Comment aurait-il pu accepter ? Il dort chez lui deux nuits par mois ; le reste du temps, il se partage entre l'Australie, le Japon, les États-Unis. Il est difficile de jouer à la fois au patron et au fonctionnaire.

On m'a reproché de n'avoir pas tenu toujours des

propos très tendres sur le patronat français, et plus spécifiquement sur son Conseil national. Pourquoi l'aurais-je fait ? Un patron n'a pas besoin du C.N.P.F. pour prouver sa valeur, c'est à ses bilans, ses résultats, ses performances qu'on le jauge. Et c'est comme ça que j'ai tissé, avec certains, de formidables liens qui ne font que se développer.

Un livre comme *Le Prix de l'excellence** devrait être le livre de chevet de tous les patrons qui se respectent.

Avant d'accuser l'État, les Arabes, l'échec pétrolier, le dollar, Reagan, l'ayatollah Khomeiny ou les autres, commençons par balayer devant notre porte ; qui ne paie pas de sa personne et ne donne pas l'exemple me paraît disqualifié pour discourir sur l'état du monde.

Que dit-on, par exemple, dans ce livre ? « Plus on est petit, mieux on se porte. Et la seule façon de rester petit est de créer de nouvelles divisions pour accueillir des activités nouvelles ou en développement. » Voilà pourquoi mon but n'est pas de créer des mastodontes, mais de multiplier le nombre de mes sociétés.

« Le management baladeur consiste à rester en contact permanent sur le terrain... Cela se fait de façon très informelle et spontanée mais il est essentiel d'aller partout ; il importe d'être accessible et abordable, mais il importe surtout de comprendre

* *Le Prix de l'excellence*, par Thomas Peters et Robert Waterman, Interéditions.

que vous êtes là pour écouter. Il est également capital de tenir les gens informés de ce qui se passe dans l'entreprise, surtout dans les domaines qui les intéresse. Enfin, une bonne raison de se balader est que c'est un véritable plaisir. »

« Nous avons parlé du leader comme manager de contact, transmetteur de valeurs, modèle de références et héros. Mais apparemment un seul individu ne suffit pas. C'est toute l'équipe de la direction qui doit donner le ton... La création d'une équipe homogène est fondamentale. »

« La formation d'une société est marquée par l'élaboration des valeurs à respecter, c'est-à-dire les choix qui guident ceux qui définissent les politiques de l'entreprise. Ces choix, souvent, ne sont pas énoncés, et ils ne sont peut-être même pas conscients. Le chef d'entreprise est avant tout un maître en matière de promotion et de protection des valeurs. Un leadership axé sur la simple survie est voué à l'échec. La survie passe par le maintien de valeurs et d'une identité propres. »

On y lit aussi : « Les managers préfèrent travailler avec les gens, les leaders provoquent des émotions. » Cela me paraît particulièrement juste. Car dans la recherche de la satisfaction personnelle, dont j'ai déjà dit qu'elle est la motivation principale aussi bien sur un stade que dans une entreprise, il y a une nécessité d'identification, en contradiction avérée avec la doctrine du patronat français qui veut que, pour vivre heureux, il faut vivre caché. La plupart de ces braves n'ont pas compris que nous sommes passés depuis quelques années d'une société de production à une société de communication, pour le meilleur et pour le pire.

Que l'on ne vienne pas ici affirmer que les gens n'ont pas besoin d'un chef et ressortir les sublimes théories de l'autogestion défendues longtemps par un certain nombre de socialistes et de syndicalistes. Il s'agit certes d'une utopie tout à fait respectable mais j'aimerais bien qu'on me montre, à part quelques exemples isolés, dans quelle entreprise elle a fonctionné. Il y a un besoin de leadership ; il faut quelqu'un qui prenne les décisions et sur qui on puisse se projeter. Être chef, ça ne s'improvise pas. Quand j'étais à l'armée, on m'avait nommé lieutenant, le temps d'un exercice. J'avais sous mes ordres des militaires de carrière et je me disais sans cesse : mais s'il y avait la guerre, la vraie guerre ? Eh bien, évidemment, les véritables hiérarchies auraient resurgi. Je me serais très vite abrité derrière le savoir et l'expérience de ceux qui s'étaient déjà frottés aux champs de bataille, tout simplement parce que j'aurais eu peur. Je pouvais me permettre de jouer le chef en temps de paix parce qu'on se battait avec des balles à blanc, mais en cas de conflit mon incompétence aurait été patente. Aujourd'hui où nous sommes en période de crise, où nous devons gérer l'incertitude, les gens ont envie de se retrouver derrière ceux qui auront la capacité de leur faire passer ce cap difficile ; et cette compétence ne s'improvise pas. Toutes les paroles, tous les discours et tout les “y’a qu’à” du monde ne remplaceront pas une incarnation de la réussite.

« Le chef d’entreprise ne crée pas seulement les aspects rationnels et tangibles de l’organisation, comme la structure et la technologie, conditions nécessaires mais non suffisantes ; le chef d’entreprise doit être le créateur de symboles, d’un langage de croyance et des mythes. » Si l’on néglige ces forts propos d’un sociologue américain, on gouverne un empire glacial d’indifférence et de passivité.

Je suis personnellement pour l’instauration d’un examen de passage à l’usage des patrons ; ils doivent être tenus de démontrer un minimum de compétences. Quand un monsieur veut monter son entreprise ou veut la diriger, il faut l’interroger sérieusement sur un certain nombre de questions concernant la gestion, le marketing, la comptabilité, le commerce ; il faut aussi que chaque banque, auprès de laquelle il aura sollicité une ligne de crédit, exige qu’il fasse la preuve de ses compétences. Je trouve quand même scandaleux qu’un certain nombre de conseils d’administration en France soient constitués du tonton, de la belle-sœur, du beau-frère, du comptable ; c’est tout juste si on n’y met pas le chien de la maison, et si celui-ci n’en fait pas partie c’est uniquement parce qu’il ne peut pas signer la feuille de présence. S’il savait le faire, vous pouvez être sûr qu’il y aurait des centaines de chiens qui siégeraient dans certains conseils d’administration de notre cher et beau pays.

Heureusement, nous en sommes aujourd’hui à la

troisième génération de patrons. Il y eut les formidables bâtisseurs, ceux que j'appellerais la génération "innée", c'est-à-dire les patrons qui ont "fait" l'expansion française dans les années 45-50, les imaginatifs, des créateurs, des fonceurs, des meneurs d'hommes, de Dassault à Michelin, de Bleustein à Floirat : des gens formidablement dynamiques, qui avaient à la fois le goût du risque, de l'aventure et de la construction. Parmi eux de grands fonctionnaires aussi, des gens comme Louis Armand, comme Jean Monnet, qui avaient cette vision claire, cette formidable appréhension des mutations de la première moitié du XXe siècle et qui ont su relever le défi. Après tout, ce sont eux, avec les travailleurs français, qui ont fait de notre pays la troisième puissance exportatrice du monde ; il ne faut jamais l'oublier.

A partir des années 60 arrive en force la deuxième génération, que j'appellerais celle des patrons "acquis", c'est-à-dire qui sortent des grandes écoles, des Mines, de Centrale, de Polytechnique, voire de la Harvard Business School, et qui prennent naturellement les premières places. Elle coïncide avec l'apparition de l'informatique, qui va révolutionner aussi le management. L'imagination, l'intuition, les sensations cèdent alors nettement la place à ce que j'appelle la fonction "monitoring" : chiffres et analyse, croissance et expansion obligent ; il y a décentralisation, constitution d'équipes, création de nouveaux postes de direction et de responsabilités et, surtout, la naissance des multinationales, ces mastodontes. Très vite on est persuadé que l'économie d'échelle va résoudre tous les problèmes : c'est l'apparition de ce que l'économiste John Kenneth Galbraith a appelé la "techno-structure". Le pouvoir appartient moins à l'argent et aux propriétaires qu'à des groupements d'actionnaires, d'intérêts, des conglomérats. C'est l'ère du management. Rappelez-vous, ce n'est pas si loin : en 1967, Jean-Jacques Servan-Schreiber, avec son *Défi américain*, faisait découvrir aux M. Le Trouhadec de l'industrie française les charmes discrets de la nouvelle gestion. Dix ans ou quinze ans après, les mêmes M. Le Trouhadec allaient être saisis par la débauche de l'informatique, de la puce et du micro-ordinateur. Évidemment, par manque d'intuition, de prescience, nous avons raté la révolution informatique et nous n'avons pu que nous raccrocher ensuite aux wagons de queue...

Par fusion, cession, remembrement, restructuration, les entreprises françaises passaient donc plus ou moins tranquillement du patronat "inné" à celui de la gestion et du management. La fonction "monitoring" l'emportait sur la fonction "radar".

Qu'est-ce que le monitoring ? Qu'est-ce que le radar ? Le monitoring, c'est l'écran cathodique de l'ordinateur qui donne des informations sur tout ce qui se passe, tout ce qui s'est passé. Une bonne gestion permet à cet écran terminal, par simple pression sur un bouton, d'afficher les positions en banque, la trésorerie, les stocks, les lignes de production et de commande, c'est-à-dire un archivage extrêmement précis de l'état de l'entreprise, de ses manques, de ses problèmes. La fonction radar consiste à étudier l'horizon afin de créer les perspectives, de fournir des lignes de prospective et d'être capable de donner une idée de ce que sera l'avenir : elle rejoint "l'ardente obligation du Plan", ou le soi-disant "sacerdoce" des futurologues...

Là, il faut bien le dire, l'ordinateur et la fonction radar ne font pas bon ménage ; si l'informatique sait restituer admirablement ce qui est et ce qui a été, elle a besoin, pour élaborer des scénarios d'avenir plausibles, qu'on lui fournisse la totalité des paramètres. Or, nous savons aujourd'hui qu'il n'est pas aisé de le faire de manière exhaustive. Ce n'est pas Herman Kahn et ses futurologues qui nous contrediraient : dans les années 70-72, ils avaient publié un livre intitulé *L'Envol de la France*, où ils voyaient notre pays devenir la deuxième puissance mondiale ex acquo avec le Japon, juste derrière les États-Unis, profitant d'une expansion à tout-va, d'une croissance à 10 %, avec le plein-emploi garanti, un franc fort, une balance commerciale résolument excédentaire, un endettement dérisoire. Ils avaient simplement oublié un facteur : la crise de l'énergie, le quadruplement des prix des matières premières. On ne peut pas créer l'avenir avec un ordinateur. On peut tout juste anticiper légèrement sur les besoins, sur la demande, et donc sur les nouveaux produits et les nouveaux marchés à créer.

Parallèlement à cette mutation technique, les

relations sociales ont beaucoup évolué. L'ouvrier travaillant soixante heures par semaine — avec les heures supplémentaires — ce n'est pas si loin, 1936... Certes, il y avait des patrons qui avaient du cœur, qui traitaient leurs ouvriers comme s'ils étaient leurs enfants, mais enfin, on connaît — et je suis bien placé pour le savoir — l'hypocrisie profonde de pareils rapports. Quand on mêle le cœur à la relation sociale, on crée un sentiment de dépendance dramatique, on introduit une dimension hypocrite : « Mais je t'aime, travaille pour moi. Tu sais bien qu'en fait je suis un peu ton père, alors fais des efforts ; n'en fais-je point moi-même pour te donner du travail ? » La participation active des travailleurs ne s'achète ni avec des faveurs ni avec des avantages acquis. Les relations de travail doivent être saines : il faut un contrat clair, des bases précises et un certain nombre de garanties.

A force de tirer sur la corde, elle a cassé : mai 1968, les accords de Grenelle ; le vieux paternalisme s'est effondré.

Aujourd'hui les relations sociales se sont sophistiquées, sont devenues beaucoup plus complexes. Il faut savoir que, dans les écoles de commerce, pas une heure de cours ne leur est consacrée ! Penser en effet que l'on est expert en relations sociales quand on connaît le Droit du travail, revient à peu près à imaginer que l'on est peintre parce que l'on connaît les couleurs de l'arc-en-ciel...

Pour moi, les relations sociales se résument à une

question fondamentale, que je poserai à tout patron conscient et désireux d'obtenir le meilleur climat au sein de son entreprise : les gens qui travaillent avec vous en sont-ils fiers ? Sont-ils heureux d'arriver au bureau le matin ?

10.
Votre argent les intéresse

Il me faut parler des banques avec qui les relations n'ont jamais été faciles. Déjà, dès la reprise de Diguet-Denis, en 1977, on me refusait tout crédit. L'image ricochait : « Ah Tapie ! Oui, le Grand Dépôt, Cœur-Assistance, tout ça, ça sent très mauvais. Non, non, on ne peut pas lui faire confiance. » Et aujourd'hui encore, en 1986, il existe un établissement financier baptisé la S.F.A.C. chargé de garantir à un fournisseur les crédits qu'il fait à un client, la S.F.A.C. refuse de couvrir d'un seul centime l'une quelconque de mes sociétés. Pas un centime. Et quand mes collaborateurs en demandent les raisons, c'est le grand silence blanc qui les accueille. Au début, les responsables répondaient : « Vous savez très bien que le statut des sociétés en règlement judiciaire interdit de faire du crédit. » Très bien. Mais, le concordat une fois voté, nous n'étions plus en règlement judiciaire ; alors, nouvel argument : « Oui, mais on ne peut rien faire tant que le concordat n'est pas signé. » Et quand enfin mes sociétés brandissaient le concordat muni de toutes les signatures, troisième argument : « Oui, mais on n'a pas assez d'éléments, on voudrait en savoir plus sur l'état de vos sociétés. » Nous leur adressons les bilans : « Oui, mais ça ne suffit pas. »

Et cela continue. J'ai été en butte à une hostilité quasi totale de l'establishment bancaire de ce pays. Heureusement, il y a — et de plus en plus — des exceptions : le plus aveugle des hommes de finance commence à se rendre compte que le Groupe Bernard Tapie n'est pas un fantôme marchant sans filet sur une corde raide. Mais ça a été long.

Et cela tient à plusieurs raisons. Je m'étendrai plus loin sur l'image que donnent de moi les médias. Si j'essayais de me faire une idée de Bernard Tapie d'après ce qu'en disent les journaux, je n'aurais sûrement aucune sympathie pour un individu qui apparaît comme un mégalomane prétentieux, un touche-à-tout vantard, un "ôte-toi de là que je m'y mette", prêt à tout pour se trouver sous les feux des projecteurs, et autres défauts exhibitionnistes du même acabit. Un homme pareil, je n'aurais sûrement pas envie de le fréquenter. Mais il s'agit ici d'un élément irrationnel qui rentre en ligne de compte, mais qui n'est pas, loin s'en faut, le plus décisif.

Un autre élément prédomine : la méfiance des banquiers. Sachant que quatre-vingt-dix-huit pour cent des sociétés ayant déposé leur bilan meurent, ils sont persuadés que tout sauvetage représente un miracle sur lequel il vaut mieux ne pas trop compter.

Et évidemment, entrent là en compte des affaires vieilles de dix ans : le Grand Dépôt et Cœur-Assistance. Encore une fois, en France, on ne pardonne pas l'échec. Il est indélébile ; c'est la marque de la flétrissure sur les bagnards de Cayenne. A partir de là, tout s'explique : j'ai tué ma mère et mon père ; j'ai fait des chèques sans provision quand j'avais treize ans ; on m'attribue les faillites de 90 000 sociétés ; on fait état contre moi de peines amnistiées depuis longtemps ou même, plus souvent, de peines totalement imaginaires. Et à chaque fois que je traite une affaire, je me heurte à ce front du refus que, heureusement, j'arrive toujours à entamer, voire à briser, mais qui renaît chaque fois sous des noms, des raisons sociales, des formes diverses. Au moment de la reprise de Wonder, j'ai organisé un nouveau pool bancaire ; alors que je ne demandais qu'une simple ouverture de compte pour y déposer le montant des salaires à verser, pas une banque française n'a accepté de faire partie de mon réseau. Au contraire : le Crédit Lyonnais d'Asnières a fermé le compte de Wonder et, pour assurer les payes en octobre 1984, j'ai fait appel à des établissements financiers étrangers. Alors, quand j'entends dire : « Tapie a réussi à cause des socialistes qui l'ont aidé, à cause de Bérégovoy qui l'a financé, à cause de tel ou tel conseiller du Président de la République, ou du Premier ministre, qui lui a grandement facilité les choses », je m'amuse. Car, si je ne m'abuse, toutes les banques, à l'époque, étaient nationalisées. Donc, si le gouvernement avait voulu faire pression sur les directeurs d'établissements pour qu'ils aient à mon égard une considération normale, je pense qu'il aurait pu le faire.

Je n'ai rien demandé aux socialistes, pas plus qu'à leurs prédécesseurs. Mais je serai toujours reconnaissant aux premiers de m'avoir, au moins, reçu. Avant 1981, j'étais interdit de séjour au ministère des Finances. Le Comité interministériel de restructuration industrielle, notamment, qui est chargé des relations avec les affaires en difficulté, avait l'ordre formel écrit de ne pas m'accueillir. A l'époque de Manufrance, impossible de rencontrer une personne quelconque du ministère. J'étais véritablement indésirable pour tous les organismes officiels qui s'occupaient des entreprises déficitaires. Ce qui, on l'avouera, n'était pas le moindre des paradoxes... le premier fonctionnaire qui ait accepté de me recevoir était un collaborateur de Laurent Fabius, à l'époque ministre du Budget.

Il faut tout de même savoir que, dans toutes les affaires dont je me suis occupé, dans toutes les sociétés que j'ai reprises ou créées, jamais une banque n'a subi un préjudice quelconque, une perte d'un franc. Au contraire : j'ai, depuis près de dix ans, remboursé dix milliards de centimes à divers établissements financiers qui n'auraient jamais rien récupéré si je n'avais pas remis un certain nombre d'entreprises en état de marche. Force m'est tout de même de le rappeler.

Un seul banquier français n'a pas souscrit à cette règle de méfiance et m'a appuyé dès le début. Un seul : Pierre Despessailles, directeur général de la S.D.B.O. Le fait capital, outre sa valeur intrinsèque en tant qu'homme, tient à ce qu'il était à la fois juge et banquier. La S.D.B.O., avant d'être absorbée par le Crédit Lyonnais, fonctionnait déjà très bien. Actuellement, elle fait 1 % du chiffre d'affaires du Crédit Lyonnais, mais 10 % de ses bénéfices, ce qui montre bien la valeur de l'établissement. Et l'élément déterminant en ma faveur, c'est que, en tant que membre du Tribunal de commerce, Despessailles connaissait mon parcours, il savait que j'avais intégralement remboursé les dettes du Grand Dépôt : la seule fois dans ma vie où j'étais responsable d'une boîte qui avait fait faillite, j'avais tout réglé. Pierre Despessailles sait qu'on juge un homme dans l'échec beaucoup plus que dans la réussite. A l'époque où tout l'establishment bancaire me regardait avec les yeux de l'ayatollah Khomeiny pour Ronald Reagan, lui m'a défendu, en se portant garant de mon honnêteté et de ma capacité à mener à bien mes affaires. Et chaque fois qu'il m'a prêté de l'argent, celui-ci a été garanti par une valeur au moins égale au double du montant prêté. Jusqu'à ce jour, c'est ainsi que nous avons fonctionné : aucun prêt sans garantie. Il a eu l'occasion, au cours des huit dernières années, de vérifier que je ne promettais jamais plus que ce que je pouvais tenir, et que je tenais tout ce que je promettais.

Début 84, émue par les rumeurs les plus fantaisistes et les plus alarmistes — toujours les mêmes — circulant non seulement sur ma solvabilité, mais aussi sur les engagements et en-cours de la S.D.B.O. sur le groupe, la Direction générale du Crédit Lyonnais a fait procéder à un audit qui, pendant 6 mois, a passé le holding au peigne fin.

Les conclusions de l'audit, à la grande joie de Gallot (P.D.-G. de la S.D.B.O.) et de Despessailles ont démontré une fois de plus, si besoin en était, la bonne santé du groupe, la qualité de sa gestion, et les excellentes relations existant entre celui-ci et la S.D.B.O. La preuve en a été fournie quelques mois plus tard : Jean Deflassieux fait partie du Conseil d'Administration de la C.G.E., en tant que Président du Crédit Lyonnais ; quand il a été question de me vendre Mazda, il a été consulté sur la solidité du Groupe ; il a confirmé que, en l'état actuel des choses, on pouvait me faire confiance.

Depuis, quelques banques sont venues s'ajouter à la S.D.B.O., mais uniquement depuis le début de 1985 ! Et la méfiance n'a pas totalement disparu, le formidable poids des ragots est toujours là. En témoigne une anecdote qui m'a été donnée par un vieil ami pour qui j'ai une très réelle estime, Lucien Pfeiffer, le créateur de Créditbail et de Prêtabail, qui dirigeait l'Union des Banques, l'U.B.P. Il a été remplacé il y a quelques mois par un jeune énarque qui n'avait jamais vu une banque de sa vie. Nous étions en bonnes relations avec l'U.B.P. avec qui nous traitions de temps en temps, et soudain, le climat a changé ; mes collaborateurs m'ont informé du fait que certains cadres de l'U.B.P. leur ont signifié, avec embarras, que l'on préférait ne plus traiter avec le Groupe Tapie.

J'appelle Lucien Pfeiffer pour lui demander des explications et il me dit : « Tu sais, la jeune présidente qui vient de me succéder m'a tout simplement affirmé : "Ah ! mais je ne veux pas du tout qu'on ait un compte Tapie dans l'établissement, parce qu'il va se casser la gueule dans six mois." » Cette personne ne m'a jamais rencontré, elle ne me connaît pas, cela faisait quinze jours qu'elle avait pris ses fonctions, et elle savait déjà que dans six mois c'était fini, que j'allais disparaître corps et biens dans un gigantesque naufrage à la *Titanic*. Je pense que certaines directrices de banque doivent prendre leurs renseignements auprès de Madame Soleil.

Ce qui ne veut évidemment pas dire que tous les banquiers sont à mettre dans le même sac. J'ai reçu un excellent accueil — sans évoquer encore Pierre Despessailles — aussi bien à la banque Worms qu'auprès de gens comme Georges Pébereau, Jean Peyrelevade, David Dautresme, l'ancien président du Crédit du Nord. Je parle d'eux parce que je n'ai aucun compte dans leurs établissements et je ne leur dois donc rien. Je suis sûr d'ailleurs que le vrai problème ne se situe pas au niveau des grands patrons de banque, mais bien au niveau des intermédiaires, de certains directeurs des engagements et des crédits, de certains responsables d'agences, de cette hiérarchie quelquefois composée d'incapables et d'envieux. Les vraies décisions, comme toujours dans les administrations, ne sont pas prises par les grands patrons, mais au niveau d'un certain nombre d'échelons intermédiaires.

Merveilleusement exemplaire de cette situation est le cas de la Société générale, grande banque s'il en est. Il faut savoir que le Groupe Bernard Tapie est *persona non grata* à la direction de la Société générale. Je ne sais pas pourquoi, je ne le saurai peut-être jamais. Or, il se trouve que deux des sociétés du groupe, notamment La Vie Claire, étaient clientes de la Société générale avant même la reprise, non pas au niveau du siège central, mais sur le plan des agences, et que ça se passait très bien. Seulement, chaque fois qu'il fallait en appeler à la direction générale à Paris, c'était un "non" systématique. La Vie Claire avait des problèmes de gestion puisque, comme vous le savez, elle a de multiples magasins dans toute la France, et quand il y a multiplication des centres, il est nécessaire d'obtenir des comptes centralisés afin de gérer efficacement la trésorerie. Or, la Société générale avait mis au point un procédé formidable qui centralisait l'argent remis par toutes les boutiques à Paris. Cela permettait une gestion de trésorerie parfaitement optimisée. Les opérateurs des agences de la Société générale, sachant que si la décision était prise au siège central à Paris il y aurait blocage, ont imaginé de s'associer région par région pour rester dans le cadre de leur délégation. Et nous aboutissons à un résultat parfaitement comique : la Société générale est devenue l'une des plus grosses banques du Groupe Bernard Tapie, malgré l'hostilité formelle de la direction ; et celle-ci l'ignore, puisque ça se passe au niveau des délégations régionales ! Cela dure depuis cinq ans, au contentement de tout le monde. Nous bénéficions d'une gestion avantageuse, car le produit mis au point par les techniciens de la Générale est très performant ; et eux n'ont jamais eu l'ombre d'un problème...

Reconnaissons quand même que les banquiers font un métier difficile ; ils prêtent de l'argent qui ne leur appartient pas et dont ils sont comptables ; quand ils prennent des risques sur un homme, une idée, un dossier, ils n'ont en général aucune satisfaction à en attendre vis-à-vis de leur carrière. En revanche, en cas d'échec, ils en subiront longtemps les conséquences. Car il ne faut pas confondre banques et établissements financiers. La banque n'est pas là pour prendre des risques, mais pour prêter de l'argent avec la quasi-certitude qu'elle le récupérera. Donc, si le banquier qui a cru en votre projet voit celui-ci échouer, sa carrière risque d'être compromise, son crédit personnel disparaît, et chaque fois qu'il voudra défendre un dossier, malgré tout son enthousiasme et sa sincérité, on lui lancera : « Oui, d'accord, mais vous vous rappelez le dossier Machin que vous aviez également défendu avec ferveur ? On a vu ce qui est arrivé. » Et pendant vingt ans, on va lui rappeler cet échec. Il en va des banquiers — et je l'ai compris plus tard — comme des chefs d'entreprise : nous sommes dans une société qui ne tolère pas l'échec.

Mais le vrai problème des banques n'est pas là. Il

est beaucoup plus grave. La banque est un des secteurs d'activité les plus mal gérés du monde. Si nous écoutions nos bons apôtres de l'économie libérale, les banques pourraient afficher les taux d'intérêt qu'elles désirent, à partir du moment où leur gestion est saine. Et elles n'hésiteraient pas à se débarrasser d'une pléthore de personnel qui non seulement coûte cher, mais qui alourdit le système. Une banque, c'est comme une voiture. Si celle-ci a deux volants, et qu'elle est pilotée par deux conducteurs dont l'un veut aller à droite et l'autre à gauche, non seulement cela coûtera cher au propriétaire, mais le véhicule risque de faire de dangereux slaloms. En fait, je plains les banquiers parce que pendant toute leur carrière ils ne pensent qu'à une chose : ne pas faire de vagues, ne pas commettre d'erreur. Quelle tristesse pour un homme de talent, pour un homme qui a la faculté de prendre des initiatives et la capacité de les assumer, de choisir ce parcours hyperprotégé où il est interdit de prendre des risques.

Si l'on a des exigences à l'égard de son banquier, il faut aussi savoir les assumer. Quand Pierre Despessailles m'a ouvert mon premier crédit, j'ai hypothéqué tous mes biens, ma maison, et tout ce que j'avais. Je ne m'insurge pas contre une demande de caution personnelle. Car si un chef d'entreprise ou un entrepreneur n'a pas le courage de s'engager à fond sur son propre projet, et d'y engager la totalité de ce qu'il possède, il n'y a aucune raison pour que d'autres, beaucoup moins intéressés, lui fassent confiance.

Heureusement, le paysage en cette matière commence à se modifier. Comme d'habitude, avec dix ans de retard, la France découvre l'Amérique du "joint venture" et du capital-risque ; de plus en plus d'établissements se créent, qui acceptent de financer, après mûr examen du dossier, un projet, une idée, une invention, qui leur paraissent porteurs d'avenir ; en contrepartie, ils deviennent évidemment actionnaires de la future société et se garantissent un pourcentage des éventuels bénéfices. Le mouvement, encore balbutiant, est appelé à connaître d'autant plus d'ampleur que la créativité, la pensée deviennent, dans une France privée de matières premières et de cavernes d'Ali Baba, les atouts maîtres de notre présent. De même, les sociétés de développement régional assurent, de plus en plus efficacement, un soutien indispensable aux créateurs et aux entrepreneurs, aide d'autant plus précieuse que la décision ne se prend plus uniquement, désormais, dans la capitale. Ainsi, à côté du système bancaire traditionnel, se développent enfin l'acceptation du risque calculé et le soutien aux aventures fécondes. L'argent se met lui aussi à bouger : ce n'est plus une révolte, Sire, mais une révolution.

11.

Le message et le massage

S'expliquer sur les médias requiert, paraît-il, une extraordinaire pudeur : on a besoin d'eux, on les craint, on les redoute... Les hommes politiques se paient des conseillers en communication qui philosophent à longueur de journée sur la toute-puissante image ; depuis quelques années, la guerre des looks fait des ravages dans les chaumières où le petit écran est roi. On ne parle plus que de l'apparence et, aux dix commandements, il faudrait certainement en ajouter un onzième : être, c'est paraître ; paraître est être. Peut-être même un douzième : tout ce qui est bon se montre ; tout ce qui se montre est bon.

Le fait que je sois devenu ce qu'on appelle une "vedette médiatique" mérite qu'on l'analyse. La société du spectacle n'est pas un mythe, elle existe et savoir y œuvrer fait aussi partie de la stratégie du guerrier, selon des règles extrêmement précises. Aucun mystère là-dedans, mais tout est simplement une logique, une cohérence. Les journalistes sont des gens comme les autres. Il y a dans cette profession le même pourcentage d'imbéciles et de génies, de travailleurs et de fainéants, de lâches et de courageux, de carpettes et de rebelles que dans n'importe quelle autre corporation, y compris celle des repreneurs d'entreprises. Mais là n'est pas l'élément principal. En fait, plusieurs facteurs jouent un rôle important dans le rapport entre ceux “dont je parle” et ceux “qui font parler”.

L'idéologie, par exemple. Il est évident, au-delà des différences de compétences, que la presse représente quand même des courants politiques ou éthiques et les journalistes, en fait, quand ils viennent me voir, essaient de plaquer sur moi la grille d'interprétation adoptée *a priori* : Tapie les intéresse moins comme être humain spécifique que comme support, vecteur, de ce qu'ils ont envie de démontrer. Il est évident que si M. X., journaliste dans un hebdomadaire économique, dîne, avant de venir me voir, avec un cadre dirigeant du C.N.P.F., et que ledit cadre lui démontre pendant tout le dîner, de manière irréfutable, que je suis un plaisantin, que je vais me casser la gueule dans trois mois, que le groupe Tapie est un château de cartes prêt à s'effondrer à la première embardée, il est évident que, face à moi, le chroniqueur ne sera pas du tout dans le même état d'esprit qu'il l'aurait été auparavant... De ce point de vue, il existe des convergences tout à fait intéressantes entre publications idéologiquement opposées : *Le Nouvel Économiste*, par exemple, avec ma tête en couverture — parce que, heureusement ou malheureusement, cela fait vendre —, a fait un papier énorme pour démontrer que l'empire Tapie était un colosse aux pieds d'argile, tandis que *L'Humanité* — c'était pendant l'affaire Manufrance — me traitait d'affairiste douteux...

Si les médias se régulent selon une grille dans laquelle ils n'arrivent pas à m'intégrer, les articles sont forcément défavorables. Mais il y a aussi le fait qu'aujourd'hui, le grand défi est de déboulonner les idoles. Depuis 1983, c'est-à-dire depuis plus de trois ans, on a tant dit et écrit sur moi, j'ai si souvent fait l'actualité que le scoop, pour certains, consiste maintenant à dévoiler enfin le dessous des cartes, les véritables secrets de la réussite de Bernard Tapie, étant évident pour ceux-là qu'il ne peut y avoir, dans l'ombre, que de drôles de magouilles. Un homme qui commence à reprendre des entreprises en octobre 1977 et qui, fin 1985, fait 10 milliards de chiffre d'affaires, un homme dont le groupe a une valeur de capital d'environ 2 milliards de nouveaux francs, ce n'est pas normal. En moins de huit ans, pareille réussite ne peut s'expliquer que par des opérations tout à fait louches. Qu'elle soit tout simplement due au talent de Bernard Tapie, c'est impensable. De même, le jour où Bob Beamon a pulvérisé le record du monde de saut en longueur aux jeux Olympiques, tout le monde a cherché où pouvait bien être la supercherie : le vent soufflait trop fort, les chaussures étaient truquées, il était dopé...

Donc, les médias provoquent, très vite, des distorsions d'image. Mais si je peux réussir — grâce à eux — quelque chose, c'est bien d'avoir changé la vision du chef d'entreprise. Avant, chez les patrons, la règle était : pour vivre heureux, vivons cachés ; ou encore : le silence est d'or. On adoptait le costume trois-pièces le plus discret possible, l'allure la plus anonyme, le visage le plus fermé. Et puis est venu Tapie, le marchand de tapis. Je n'hésite pas à reprendre ce jeu de mots d'un goût parfait que certains magazines ont entonné en chœur. Ce qui s'est passé, c'est qu'à un moment donné, les résultats étaient là, des résultats incontestables : la victoire de Bernard Hinault dans le Tour de France ; l'entrée de Terraillon en Bourse ; la formidable ascension des actions de Testut ou de Wonder — je rappelle que les actions de Wonder sont passées de 100 à 1 200 francs, record absolu de hausse en Bourse. Donc on ne pouvait plus nier la performance. Cela faisait tellement longtemps qu'on prédisait, tous les trois mois, ma chute avec force arguments que les allusions ont disparu d'elles-mêmes. Il y avait tout eu : on avait dit que j'étais subventionné par Doumeng, que j'étais l'homme de la C.G.T., de la secte Moon, que Bérégovoy avait étendu sur moi le voile de son auguste protection, et que sans lui je m'effondrerais ; *Le Nouvel Économiste* avait été jusqu'à me montrer, dans un montage photographique truqué, en train de faire des haltères avec un maillot de corps à mon nom, dans l'intention évidente de ridiculiser un Tapie paranoïaque, mégalo, etc. Mais le temps a joué en ma faveur. Mon image, ce n'est ni la Porsche, ni le jet privé, la maison, les œuvres d'art ou le quatre-mâts qui l'ont créée. Ce sont mes performances, la cohérence de mon discours. Le look n'est rien si le contenu ne suit pas.

On me reproche maintenant d'être omniprésent sur les ondes, le petit écran, les journaux. On dit : « Mais il en fait trop, Tapie. Les chansons, la télévision, les "Grosses Têtes" ! »... Assez ! Assez ! Il y a là deux critiques sous-jacentes. D'abord, on considère tout à fait inconvenant pour un chef d'entreprise de se montrer aux côtés de Sacha Distel ou de faire un vidéo-clip pour Wonder. Quand on est à la tête de plus de 40 sociétés, on n'enregistre pas un 45 tours. Mais pourquoi devrais-je me conformer toujours à l'image que les autres ont de moi ? Nous sommes des diamants à mille facettes, non des escargots numérotés ; il est essentiel, après avoir inventorié le champ de toutes ses possibilités, d'essayer de les vivre toutes. Je peux peut-être, à ce sujet, fournir une petite explication biologique que je vous livre pour ce qu'elle est. Un jour, au cours d'un examen médical, le praticien qui avait procédé aux analyses me dit en souriant : « Vous savez, monsieur Tapie, vous avez un problème de glandes surrénales. » Moitié étonné, moitié inquiet, je demande quelques précisions. Le médecin me rassure : « Vos glandes surrénales sont simplement deux fois plus volumineuses que la normale, ce qui veut dire qu'elles dégagent deux fois plus d'adrénaline que la moyenne. » C'est peut-être pour cela que je vis en perpétuel état de tension. J'ai besoin d'éliminer cette adrénaline, sous peine d'un ulcère à l'estomac. En outre, aussi loin que remontent mes souvenirs, j'ai toujours pu me contenter de quatre heures de sommeil environ par nuit. Cette heureuse disposition me permet de faire beaucoup de choses en une journée et de consacrer le maximum de temps à mes trois activités préférées : les affaires, le sport, la musique. Je ne vois pas pourquoi, sous prétexte que j'ai choisi de faire des affaires, je devrais absolument abandonner mes deux autres passions. Et me retrouver aux côtés de Philippe Bouvard, Jacques Martin, Olivier de Kersauson ou Léon Zitrone à R.T.L., pendant deux heures, constitue pour moi une espèce de défoulement qui me procure un plaisir fou. D'autres préfèrent réceptions et cocktails. Moi, je hais les mondanités, on ne me voit jamais dans une "party", ce n'est pas du tout mon genre. Je partage tout à fait l'opinion d'Helena Rubinstein qui répondit un jour à un journaliste émerveillé qu'elle eût gardé un teint de pêche, malgré son âge avancé :

— Mon cher, cela vient de ce que je ne vais jamais m'ennuyer dans les réceptions.

— Pourquoi ? questionne le journaliste.

— Tout simplement parce que trois heures d'ennui, c'est deux ans de vie perdue.

Ce qui m'amuse, c'est de rencontrer mes amis, de travailler avec les gens que j'estime. Pourquoi m'en priverais-je ?

Deuxième reproche : il paraît que je recherche à tout prix les feux de la rampe. Je voudrais, à ce sujet, m'expliquer une fois pour toutes. Personne, dans mon groupe, n'est chargé des relations publiques et de la presse. Jamais je n'ai sollicité un seul journaliste, jamais. Pourtant, je reçois tous les jours des demandes d'interviews et je n'en accepte pas le dixième. Le plus drôle, c'est que lorsque je reçois un journaliste qui a dû attendre un mois pour me rencontrer, souvent la première question qu'il me pose, c'est : « Vous aimez qu'on parle de vous ? » Que lui répondre ? « Attendez une minute, monsieur. C'est vous qui avez demandé à me voir ou moi ? Alors, peut-être bien que j'aime qu'on parle de moi, mais enfin vous aussi, semble-t-il... »

J'ai, certes, une politique de communication. J'y consacre huit à dix heures par semaine. Pas plus. Mais je considère que c'est fondamental. Les épisodes de Cœur-Assistance et des châteaux de Bokassa — sur lesquels j'étais resté extrêmement silencieux — et mes expériences ultérieures m'ont amené à plusieurs constatations.

La première, c'est que les absents — ou ceux qui se taisent — ont toujours tort. Et que pour assurer une promotion, il faut être présent, dans l'actualité, voire la créer. Il est évident que, quand j'engage Bernard Hinault, quand je prends contact avec Michel Hidalgo, je crée l'événement. Celui-ci a des répercussions non seulement sur le Tour de France ou l'Olympique de Marseille, mais aussi sur La Vie Claire et sur tout le Groupe Bernard Tapie. Et c'est bien le but de ma démarche.

Deuxième constatation : quand l'événement est

important et qu'il trouve à s'incarner dans un individu, la personnalité de celui-ci fait que les médias s'en emparent. Il acquiert tout de suite une valeur émotionnelle, passionnelle — positive ou négative — vis-à-vis du public. Immédiatement, il provoque l'enthousiasme ou le rejet. Je suis extrêmement lucide : qu'est-ce que je représente en fait, moi, Bernard Tapie ? Aujourd'hui j'incarne le symbole classique de l'enfant du peuple qui a grandi et qui s'est fait lui-même, une "success story" à la française. Mais mon image est renforcée par le contraste qu'elle offre avec ma fonction. Jusqu'à présent, on ne voyait pas beaucoup de chefs d'entreprises faire du karaté chaque semaine, piloter leur avion, s'intéresser à tout, et qui peuvent se retrouver aussi bien en jogging avec Véronique et Davina, que devant un micro pour chanter Didier Barbelivien. Ce phénomène crée lui-même l'événement. D'autre part, il est évident que, dans cette extraordinaire mutation de la société française, dans ce formidable bouleversement des valeurs qui montre qu'on ne peut plus compter sur l'État-providence, quelqu'un comme moi, qui n'a compté que sur ses propres forces, surfe allègrement sur la vague porteuse des nouvelles aspirations sociales. Je suis absolument persuadé que je n'aurais pas eu, il y a quinze ans, la moitié du quart de l'impact que j'ai aujourd'hui, au moment où l'on était persuadé que l'expansion allait durer *ad vitam aeternam* et même au-delà. En fait, à partir du moment où les Français ont senti confusément, après sept ans d'expérience étatique social-démocrate de Giscard, après la rude pédagogie de la gauche, qu'il n'y avait pas de solution miracle et que seule la rigueur payait ; et que l'entreprise était, sinon le lieu unique, du moins l'un des lieux privilégiés de création d'emplois, qu'il fallait être autonome et compter sur ses propres forces, je devenais l'un des hommes qui pouvaient incarner cette mutation. Les circonstances m'ont aidé. Mais je crois avoir, moi aussi, aidé les circonstances. Et si des milliers de jeunes, aujourd'hui, veulent créer leur entreprise, être les initiateurs de nouveaux espaces de travail, d'innovation et de créativité, je ne pense pas faire acte de mégalomanie en croyant y être pour être quelque chose. Avec d'autres, bien sûr.

Mon message, c'est à la télévision qu'il est véritablement passé. Car la grande rupture, elle est là. Le phénomène télévisé a ceci de spécifique qu'il permet de s'adresser directement au public, sans intermédiaire. Ça a commencé avec une émission sur les patrons, fin 82, qui s'appelait « Les Faiseurs de fric », à laquelle participaient un certain nombre de dirigeants d'entreprises : à la fin de l'émission, un sondage a révélé que j'avais eu un très fort impact. Puis il y a eu « L'Enjeu », « Le Jeu de la vérité », l'émission sur la "crise" produite par Pascale Breugnot, et enfin « Ambitions », l'émission mensuelle que je produis et que j'anime actuellement sur TF1.

Avec « Ambitions », j'ai voulu faire passer l'idée que les affaires, c'était difficile, bien sûr, mais que c'était aussi passionnant ; que créer une entreprise, c'était un grand jeu qui exige à la fois de l'astuce, de la persévérance et de la souplesse et qu'il est inutile de se déguiser en employé des pompes funèbres pour être crédible. J'ai voulu montrer qu'on pouvait parfaitement parler de l'entreprise au milieu de chanteurs, de musiciens, de compositeurs.

Car je ne crois pas du tout que le travail, l'effort, la constance doivent être considérés comme antinomiques du plaisir, de la gaieté et de la joie de vivre.

Des deux ou trois choses que je sais désormais des médias, il en est une qui, pour paradoxale qu'elle apparaisse, reste peut-être la plus importante. Certains n'arrêtent pas de seriner que dans les affaires il est dangereux de se montrer, que pour vivre heureux, les chefs d'entreprises et autres faiseurs d'argent doivent vivre cachés, etc. Je tiens au contraire que la médiatisation est un fabuleux moteur car elle oblige à la fois à se surveiller et à être totalement rigoureux dans la gestion de vos affaires. A partir du moment où le moindre de vos faits et gestes est scruté, examiné, comptabilisé ; à partir du moment où l'on guette la moindre faille, le plus petit grain de sable dans la machine, vous êtes obligé de redoubler de précautions, de rigueur et d'honnêteté, afin de ne laisser aucune prise à ceux qui guettent, avec une légitime avidité, votre chute. Certains fuient le vedettariat comme la peste ; il fut, quant à moi, l'un de mes plus sûrs dopages. Sous les feux de la rampe, je ne peux plus rien me laisser passer : ni facilité, ni à-peu-près.

On peut évoquer à ce propos le cas de Daniel Hechter, du temps qu'il était patron du Paris-Saint-

Germain. Il est de notoriété publique que la moitié des clubs de football pratiquait le système dit “de la double billetterie” qui permet des rentrées d’argent non déclarées. Seul Hechter a été poursuivi parce qu’il était une vedette. De même, ce n’est que lorsque Serge Crasniansky a commencé à faire la “une” des journaux qu’il a suffi que trois commerçants se plaignent d’un mauvais fonctionnement de leur labo-photo-minute pour que la presse s’en empare. Nous sommes condamnés à une intéressante chasse à l’homme. Il suffit de le savoir...

[illegible] et de caractère politique [illegible]
des titres de livres [illegible]
[illegible] de la bibliothèque [illegible]
[illegible] Sort Hélène [illegible]
[illegible]
[illegible] Sorel, Gassendi [illegible]
[illegible] que une [illegible]
[illegible]
[illegible] la prière [illegible]
[illegible]
seule [illegible] l'homme [illegible]

12.
Souples, adaptables, mobiles

L'une de mes convictions les plus ancrées est que le problème du chômage a toujours été abordé par le petit bout de la lorgnette. Tout le monde a ses idées sur la question : tirez sur le fil et vous verrez apparaître tous les blocages, toutes les contradictions de la société française. Il n'y a pas un homme politique qui n'offre un remède miracle, selon son idéologie ; les solutions les plus fréquemment proposées étant :

a) la réduction du temps de travail ;

b) la création d'emplois à contraintes allégées ;

c) le sublime retour de la croissance qui évidemment ferait naître, comme par un coup de baguette magique, de nouveaux emplois ;

d) très en faveur dans les pays de l'Est, la création d'emplois dans la fonction publique.

Or, ce ne seront sûrement pas ces mesures qui résoudront quoi que ce soit. Tout simplement parce que le remède miracle n'existe pas et que seule une prise de conscience collective, une révolution des mentalités, aboutissant à des milliers de micro-initiatives individuelles, sera efficace.

Il faut ici faire œuvre de pédagogue, de psychologue et de militant. L'économie n'est pas compliquée, il faut la désacraliser, la démythifier, l'expliquer. Chacun sait aujourd'hui que la croissance n'est pas un phénomène macro-économique, mais bien la résultante d'un dynamisme sectoriel particulier. Et ce dynamisme est fonction du rythme de la production et de la diffusion des innovations.

Il est donc temps d'en finir avec les idées reçues, surtout quand celles-ci s'installent avec une telle vigueur qu'elles donnent une impression de modernité. Par exemple, une bonne partie de la population est persuadée qu'il y a une relation de cause à effet entre la réduction du temps de travail et le maintien, voire l'accroissement, du nombre des emplois. Il suffit de jeter un coup d'œil sur les statistiques des autres pays pour se rendre compte de la fausseté de cette affirmation. Étudions la durée moyenne du temps de travail dans l'industrie et le pourcentage de chômeurs par rapport à la population active. Au Japon, la durée du temps de travail est de 2 000 heures par an et le pourcentage de chômeurs de 2,8 %. Aux États-Unis, on obtient 1 915 heures par an et 7,8 % de chômeurs. En République Fédérale Allemande, 1 705 heures et 9 %. En France, 1 665 heures et... 10 %. En Belgique, 1 510 heures et 14,5 % ! Ces chiffres datent de juin 1984, mais n'ont pas tellement évolué depuis. Ils expriment clairement que, si la réduction du temps de travail peut quelquefois signifier une amélioration des conditions de vie pour ceux qui en bénéficient, on peut douter qu'elle ait des effets heureux sur le niveau de l'emploi. Ce serait peut-être même exactement le contraire. En fait, on peut constater que d'une part il n'y a pas de relation entre les deux, d'autre part que la réduction du temps de travail, si elle n'est pas accompagnée d'une refonte globale impliquant notamment une meilleure utilisation du capital technique et une approche différente des relations sociales entraîne au contraire un affaiblissement de la compétitivité.

Pour moi, le repère, l'indicateur essentiel, plutôt que le nombre de chômeurs inscrits à l'A.N.P.E., serait la durée du chômage. Autrement dit, dans l'impossibilité absolue de recréer le plein-emploi, je préfère quatre millions de chômeurs qui ne le resteraient que deux ou trois mois, à deux ou trois millions de chômeurs qui le seraient pendant un an et demi ou deux ans, voire plus longtemps. Car c'est cela qui pèse le plus durement, et qui fait le plus de dégâts à la fois sur le plan psychologique, mental, familial et économique.

Plus les actifs sont mobiles, plus ils changent d'emplois, plus la mesure *quantitative* du chômage incompressible est élevée. Pourtant, la souplesse et la capacité d'adaptation étant indispensables dans une économie moderne, tout accroissement de la mobilité volontaire doit être interprété comme le signe d'un dynamisme souhaitable.

Par conséquent, pour combattre le chômage, il s'agit de créer de plus en plus d'emplois délocalisés, dématérialisés, désynchronisés. Ces emplois-là vont remettre en cause le contrat de travail traditionnel prévoyant des horaires stables et des tâches régulières ; ils vont exiger une souplesse croissante, une grande capacité d'adaptation. Et cette manière de penser l'emploi se heurte à des attitudes conservatrices engendrées par un besoin fondamental, celui de la sécurité.

Il est vraiment temps de sortir du discours traditionnel sur le chômage. A lire ou écouter les discours et propositions des hommes politiques, des syndicalistes ou autres, on pourrait croire que le plein-emploi pour tous constitue une loi d'origine divine, dont personne ne paraît remettre en cause l'impérieuse nécessité. Or, promettre le rétablissement du plein-emploi pour les années à venir, c'est mentir. Dans la réalité, la crise est installée et il faut bien affirmer aujourd'hui qu'en termes strictement quantitatifs, la situation ne peut que s'aggraver.

En effet, la population dite active — c'est-à-dire en âge de travailler — augmentera de 10 % entre 1980 et 1990, c'est-à-dire que pour simplement stabiliser le chômage à son chiffre actuel, 3 000 000, il faudrait que le nombre des emplois proposés augmente d'au moins 1 % par an jusqu'en 1990 ! Or, de 1955 à 1980, c'est-à-dire pendant les grandes années d'expansion, le nombre d'emplois proposé s'est accru de moins de 0,5 % par an. Comment, dès lors, ne pas rêver en imaginant doubler le rythme annuel de créations d'emplois, dans le contexte de crise économique actuel et avec une productivité horaire qui est en baisse constante ?

Les responsables politiques, syndicaux et patronaux semblent n'avoir d'autre souci que de masquer cette réalité. D'abord ils truquent les chiffres en soustrayant du travail une partie de la population active : en amont, en retardant l'accès des jeunes au travail par la prolongation des études et de la formation ; en aval, en incitant des actifs occupés à prendre leur retraite. Ensuite, ils multiplient les prescriptions illusoires : interdictions de licenciements, embauches de fonctionnaires, emplois nouveaux à contraintes. Enfin, ils entretiennent des espoirs factices : selon eux, il suffirait soit de retrouver une croissance économique forte, soit de réduire la durée du temps de travail, pour que l'espoir change de camp et le combat d'âme.

Sur un effectif de 10 000 personnes qui constituent le groupe Bernard Tapie, je n'ai licencié en tout et pour tout, dans toutes mes reprises et restructurations de sociétés, que 1 500 personnes ; toutes les entreprises du groupe ont retrouvé, dans les trois ans qui ont suivi la reprise, leurs effectifs de départ, et les ont parfois augmentés.

Face au chômage, je ne cesserai jamais de le dire, il faut changer d'attitude, changer de regard. En fait, la véritable révolution des mentalités, c'est là qu'elle doit surgir. Il faut à chaque fois créer, innover, inventer. Pensons aux cris d'orfraie qu'a suscités la naissance du second marché en Bourse. Au départ, une partie du public avait crié à la catastrophe ; chez les analystes financiers, les investisseurs, c'était le scepticisme. Maintenant, c'est le triomphe. Pourquoi ? Parce que l'introduction en Bourse oblige les patrons et les entrepreneurs à se surpasser pour que les actions montent. Quelle plus formidable récompense que de voir ses actions tripler, quadrupler, quintupler, sans compter l'effet publicitaire ? La règle est d'inciter, de motiver. Comme le disait Napoléon, il n'y a que les hochets qui mènent le monde. Alors vivent les hochets ! Quand quelqu'un embauche 10 % d'effectifs en plus de son personnel dans une année, il faut qu'il obtienne des réductions d'impôts, et qu'on lui fasse des facilités sur ses charges. Chaque fois qu'un entrepreneur crée un produit nouveau, ou qu'il conquiert un marché à l'étranger, chaque fois qu'il accomplit des performances qui améliorent la santé de son affaire et ses possibilités de survie, il faut l'aider. C'est là que l'État a un rôle à jouer. On pourrait se poser des questions sur le coût global du chômage, comparé aux résultats qu'on obtiendrait si on donnait une partie du montant des caisses de l'U.N.E.D.I.C. et de l'A.S.S.E.D.I.C. aux sociétés qui embauchent. Nous serions beaucoup plus concurrentiels sur le marché économique mondial et chacun y trouverait son compte.

Un changement de mentalité s'impose d'urgence. La sidérurgie et les charbonnages, les chantiers navals : on sait que c'est fini, on sait qu'il y a des pans entiers de notre industrie qui ne pourront plus être ce qu'ils étaient. Alors que fait-on ? On reste tourneur à vie ? On reste manœuvre à vie ? Non. Il faut encourager la formation, la mutation, la mobilité. J'étais tourneur à Lisieux, je serai à présent ouvrier dans une usine de plastique injecté. Il faut se dire chaque matin : que vais-je faire de nouveau ? Comment vais-je faire pour aller plus loin ? Le problème est que le jour où les Français prendront conscience de ce que l'on sait déjà dans un certain nombre de pays, à savoir qu'ils auront à changer de métier trois ou quatre fois dans leur vie, et que c'est inéluctable, qu'ils auront à changer de ville, voire de région et que c'est inéluctable, qu'ils entreront dans une entreprise dont la garantie de l'emploi à vie n'est pas assurée, et que c'est inéluctable, ce jour-là le problème sera posé différemment.

Ne perdons pas, en outre, du temps sur le faux débat de l'autorisation de licenciement. Il est évident qu'il n'y a pas d'économie libérale dynamique sans une marge de manœuvre laissée à l'entrepreneur. On ne peut pas confier un avion à un commandant de bord en lui disant : attention, vous ne faites pas ce que vous voulez ; vous suivez mes instructions, et c'est tout. Si on confie une responsabilité à quelqu'un, il faut lui donner la liberté d'agir que requiert sa responsabilité, sinon ce n'est pas sérieux. Mais il ne faut pas non plus que cette liberté de licencier soit une porte ouverte à la facilité, du style : « Je n'y arrive pas, donc je dégraisse », sans avoir trouvé des solutions peut-être moins faciles mais collectivement plus responsables.

Il ne faut jamais oublier cette vérité fondamentale : le licenciement n'a jamais été la solution au redressement d'une entreprise. Cela peut être l'un des facteurs mais uniquement à condition que d'autres soient pris en considération. Prenons l'exemple d'un hôtel : il comprend 100 chambres dont 90 sont occupées. Il est alors tentant pour la direction de dire : puisque j'ai un taux d'occupation de 90 %, je ferme 10 chambres et j'aurai ainsi un taux d'occupation de 100 %. L'année d'après, on constate avec surprise un phénomène intéressant : l'hôtel est toujours occupé à 90 % de ses capacités. L'hôtelier ferme donc 8 chambres de plus, et ainsi de suite. Dix ans plus tard, évidemment, l'on arrive au taux de zéro chambre et de zéro client.

Alors, que faut-il faire ? Arrêtons-nous encore un instant sur le cas de cet hôtel. Il faut faire une étude de marché ; si mon hôtel de cent chambres a un certain nombre de caractéristiques, si je m'aperçois qu'il n'y a que 92 clients dans le monde entier susceptibles de l'habiter et si je fais ainsi le plein de mes clients potentiels, à ce moment-là je peux effectivement fermer huit chambres, mais cela aura signifié qu'auparavant j'aurai effectué une étude de produits pour savoir si par exemple en modifiant tel ou tel service, en me tournant vers tel ou tel créneau, en étudiant les besoins de tel ou tel pays, en changeant mes méthodes de travail ou la communication au sein de mon entreprise, en faisant une campagne de publicité, enfin en changeant les structures internes, ou tel ou tel poste de commandement, je ne pouvais pas toujours remplir ces huit chambres.

Si je me contente de licencier, il est évident qu'étant donné que mon entreprise ne se sera pas améliorée, il y aura encore trop de monde l'année suivante.

Il est étonnant, par ailleurs, de voir que l'on peut parler du problème des licenciements en termes abstraits, comme s'il s'agissait de quelque chose de tout à fait banal ; j'ai toujours été frappé de constater que le problème du chômage se résumait en quelques chiffres explicités par un bref commentaire. La télévision interroge les responsables syndicaux, le patron, les employés, dans le triste rituel d'une pièce tragique sans cesse rejouée. Je trouve cela consternant, car il y a dans chaque licenciement quelque chose de terrible ; je ne veux pas faire de démagogie et jouer au patron au grand cœur, mais il m'est littéralement arrivé d'aller vomir dans les toilettes après une réunion où des licenciements avaient été décidés. Je me rappelle très précisément d'une jeune femme d'une trentaine d'années, à qui on avait annoncé son renvoi ; elle est venue me voir, m'a regardé avec une expression plus abattue que révoltée, et m'a dit : « Mais pourquoi moi ? qu'est-ce que j'ai fait, moi ? » Que pouvez-vous répondre ? Il faut licencier dans les trois mois qui suivent la reprise, pour des raisons administratives et économiques ; nous n'avons pas le temps d'évaluer les mérites de chacun ; donc nous nous basons sur les renseignements qui nous ont été fournis par nos prédécesseurs. Mais comment faire comprendre à un homme ou à une femme que vous venez de licencier que pour sauver l'entreprise — et sauver donc 2 500 emplois — il faut d'abord en supprimer 500 ? Cela peut être compris à la limite par un syndicat, qui est obligé de prendre en considération les intérêts collectifs de la majorité du personnel.

En tout état de cause, à chaque rachat de société, deux personnes du groupe sont chargées d'examiner les cas les plus douloureux ; il est évident qu'on ne licenciera pas une mère de trois enfants abandonnée par son mari ; nous étudions les cas sociaux les plus graves, ce qui n'empêche ni les injustices, ni les manques, ni les oublis, et c'est quelque chose de terrifiant à chaque fois. Le licenciement reste dramatique pour plusieurs raisons : d'abord parce qu'il est évidemment considéré comme une sanction et qu'un chômeur se trouve immédiatement dévalorisé, non seulement à ses propres yeux mais aux yeux de son entourage ; il pense à ce qu'il dira le soir en rentrant chez lui, à sa femme, à ses gosses ; l'image même du père peut être cassée aux yeux de ses enfants. Donc injustice d'abord et arbitraire du choix ensuite, sauf pour les postes de décision que nous étudions nous-mêmes, puisque nous choisissons les remplaçants au niveau de la direction d'entreprise. De tout cela, il ressort qu'il faut se battre de toutes ses forces pour récupérer les effectifs. Pour moi c'est une question de principe autant que d'honneur.

D'autant qu'il existe le versant caché — et plus ou moins honteux — du chômage et de la retraite anticipée : ce formidable gâchis d'énergies et de bonnes volontés, qui engendre d'une part l'humiliation de l'étiquette, et la sensation permanente d'être un assisté plus ou moins quémandeur ; et de l'autre, la conviction d'être encore en pleine possession de ses capacités intellectuelles et physiques et de se voir, soudain, “pour laisser la place”, débarqué du train de la vie active, afin d'aller grossir la cohorte des bouches soi-disant inutiles à nourrir. Alors qu'il y aurait tant d'emplois à créer au service de la collectivité, que ce soit sur le plan de l'enfance, de l'aide aux malades, de l'animation, de la sécurité, de l'action en milieu rural, de la transmission de l'expérience, de la volonté de ne jamais oublier le facteur humain dans l'entreprise, on multiplie les mises à l'écart ; tout se passe comme si on préférait payer les gens à ne rien faire plutôt que de les orienter vers des activités non rentables, peut-être sur le court terme, mais infiniment nécessaires à la bonne santé, et donc à la puissance, d'une nation.

Pour ne citer que le cas, souvent douloureux, des retraités, pourquoi ceux qui le désirent ne pourraient-ils point aider, deux heures par jour, les jeunes à bien apprendre les rudiments pratiques de leur métier, que ce soit en comptabilité ou éducation physique, puériculture ou soins ? Ne pouvant être rétribués pour ces travaux, nos retraités “actifs” se verraient offrir des voyages, des cadeaux ou des récompenses diverses. Il est tout de même inadmissible que subsiste cette autoroute de malentendus entre une société civile à la recherche de ses nouvelles définitions, et un État qui ne regarde pas plus loin que le mirage bleu horizon des chiffres du chômage-revu-et-corrigé-par-les-variations-saisonnières ; d'énormes cratères de manque béent dans la société française, notamment dans les domaines de la convivialité, de l'amélioration des services, de la chaleur humaine au moins aussi indispensable qu'un franc fort, de l'expérience des uns et de l'ardeur des autres. Un pays qui conduit ses jeunes dans un cul-de-sac et ses sexagénaires au rancart est en pleine phase de schizophrénie active, oubliant que la réalité n'est pas faite que de statistiques, et que l'immense territoire en friche des relations, des micro-initiatives et des services a besoin du maximum de bras. Inciter les gens à ne rien faire, c'est les laisser mourir à petit feu. Prenons garde à la résignation butée des uns, au réveil violent et aveugle des autres.

***

Pour traiter les problèmes de formation, de mutation accélérée, de transformation des hommes, toutes choses fondamentales pour l'emploi, il est évident qu'il faut des syndicats forts et que, sans un véritable dialogue entre un patronat conscient de ses responsabilités et des syndicats conscients des intérêts collectifs de l'entreprise, rien ne se fera.

Je suis pour un syndicat solide et respecté, car la nécessité de la représentation est indispensable ; le drame survient quand le syndicat se met à jouer les courroies de transmission de partis politiques ; j'ai l'impression quelquefois de traiter avec des fantômes, non avec des syndicalistes. Si le dialogue consiste uniquement en revendications du style : « De toute façon, il faut sauvegarder tous les emplois, augmenter les salaires, le reste c'est votre problème, nous on s'en fout » ; si du côté patronal c'est le chantage à la fermeture et au chômage, il est évident que les négociations n'iront pas très loin ; quand la C.G.T. organise, quatre mois avant les élections législatives de mars 1986, toute une série d'arrêts de travail, de grèves, notamment à E.D.F., que l'on ne vienne pas dire que ses motifs ne sont pas politiques. Il m'est arrivé d'avoir des discussions avec des représentants syndicaux qui me disaient : « Oui, ce que vous dites est exact mais, excusez-moi, est-ce que je peux aller téléphoner ? » En revenant, ils me disaient :

— Écoutez, monsieur Tapie, excusez-nous, nous ne pouvons pas accepter, ce n'est pas possible.

— Mais pourquoi ? leur demandais-je.

Et ils me regardaient : « Mais vous savez bien... » Là, j'avais l'impression de me retrouver tout à coup devant Georges Marchais.

Ce n'est pas un hasard si les syndicats ont tellement perdu de leur audience. On sait que 20 % seulement des travailleurs français sont syndiqués, mais ce chiffre inclut la fonction publique. Dans le secteur privé, 5 % seulement des Français adhèrent à un syndicat. Cette crise de représentativité, cette non-crédulité auprès du personnel, devient un facteur de destruction.

En revanche, quand la section syndicale de l'entreprise se met à être responsable et agit selon son véritable intérêt, tout se passe très bien. La section C.F.D.T. de Look a réussi, contre l'avis de la confédération départementale et nationale de la C.F.D.T., à convaincre le personnel de prendre ses vacances l'hiver, car ils savaient qu'il y allait de la sauvegarde de l'entreprise. Cela a été exactement la même chose pour la section C.G.T. de Testut ; ses dirigeants ont fait comprendre à leurs adhérents que la firme risquait de disparaître ; ils ont joué le rôle qui leur revenait en convainquant le personnel d'accepter les mesures de restructuration que j'avais proposées. Il est évident que je ne recommande pas du tout l'association capital-travail ; je ne souhaite pas non plus que syndicats et patrons s'embrassent avec volupté, dans le style "nous sommes tous des frères". Au contraire. Je suis pour une tension créatrice, pour l'affrontement constructif ; mais cela n'a rien à voir avec le dialogue social. Il existe une confrontation permanente et, par ailleurs, le dialogue social qui doit être un dialogue permanent entre la direction générale et l'ensemble du personnel.

Quand j'entends dire que j'ai été au mieux avec la C.G.T., ce qui m'aurait permis de reprendre les boîtes que je voulais et de licencier qui je voulais, je retrouve les pieux ragots qui ont marqué mon itinéraire ; je rappellerai qu'à Manufrance, la section

C.G.T. m'avait séquestré pendant vingt-quatre heures dans un placard et que dans tout Saint-Étienne on avait placardé mon portrait affublé de dents de vampires, accompagné de cette légende : « Le sanguinaire arrive » ; car la première société Manufrance était en effet une société dominée essentiellement par la municipalité, dirigée à l'époque par un communiste, Joseph Sanguedolce ; j'avais proposé 500 licenciements pour sauver 1 500 personnes et j'avais été insulté : Krasucki et Marchais m'avaient traité à l'époque de fossoyeur et de détrousseur. Pourtant j'ai aidé à la création de S.C.O.P.-Manufrance, car je trouvais extrêmement courageux que les ouvriers décident de verser leurs indemnités de licenciement à une coopérative pour sauver leur entreprise, et réutiliser les meilleurs éléments du fonds de commerce : les armes et le cycle. A ce moment-là, mes relations avec la C.G.T. se sont améliorées. Malheureusement, la S.C.O.P. n'a pas été un succès et nous nous en sommes tenus ensuite à un *modus vivendi* ; je n'ai jamais rencontré personnellement Edmond Maire, Henri Krasucki, Bergeron ni Marchelli ni leurs adjoints, jamais.

Le vrai problème du syndicalisme en France c'est qu'il n'a pas la fibre de l'entreprise. Il raisonne soit en termes de politique partisane, soit en termes catégoriels ; et, si l'on ne pense pas d'abord à l'entreprise, c'est-à-dire si le syndicat refuse d'admettre que la vie de l'entreprise commande l'emploi, c'est l'impasse.

Que l'on me permette d'évoquer à nouveau le

Japon. Il est une caractéristique des syndicats japonais qui fait rêver les industriels français quand ils reviennent de Tokyo : quand ça va mal, le patron réunit tout le monde et explique : « Écoutez, les gars, voilà, on est vraiment dans la panade, il y a tel problème sur tel ou tel marché ou produit, on va donc tous réduire nos salaires pendant six mois, car il nous faut ce laps de temps pour surmonter cette crise. » Au Japon, chacun sait qu'il n'y a pratiquement pas de licenciements, mais le consensus peut exister sur la réduction des salaires. Un patron qui ferait la même chose en France se verrait immédiatement cloué au pilori ou au moins incarcéré pendant dix mois, tandis que les salariés mettraient le feu à l'usine. Au Japon, les syndicats sont d'accord. Mais ce que nos chers industriels oublient de dire c'est que, quand un patron japonais fait faillite parce qu'il n'a pas pu, malgré cette formidable mobilisation et ces sacrifices, sauver l'entreprise, il se retrouve nu, au sens le plus littéral du terme, car le chef d'entreprise japonais se considérerait comme déshonoré s'il gardait sa maison de campagne, son bateau ou une chasse alors que son entreprise serait en faillite. Au Japon tout le monde prend ses risques, y compris le patron qui perdra tout.

Si une partie du patronat français de droit divin continue de considérer que tant que l'affaire peut être pressée comme un citron, on le fait, et que, le jour où cela ne va plus, c'est simple, on se met en dépôt de bilan, et vogue la galère ! c'est grave. Il ne faut pas généraliser cependant : il y a des patrons qui acceptent de prendre le risque de se ruiner ; c'est ma politique.

La France a vécu pendant vingt ans, vingt-cinq ans, dans une société capitaliste d'assistanat. Que le S.M.I.C. soit sauvegardé, c'est la moindre des choses, un État comme la France, qui est riche, peut payer un minimum à tout le monde. Mais que les assistés soient du genre de M. Didier Pineau-Valencienne, P.-D.G. de Creusot-Loire, dont l'entreprise périssait à cause d'erreurs capitales de gestion et qui pleurait pour que l'État la renfloue, je trouve ça un peu fort. Pour moi, le jour où j'entendrai parler d'une entreprise où *tous* les salariés se seront décidés à rogner très notablement sur leur salaire parce que l'entreprise est en difficulté, je penserai que la France est véritablement sauvée. Je ne sais pas si j'en aurai l'occasion...

Pour revenir à la manière dont peuvent se passer les rapports avec les syndicats, je voudrais raconter l'histoire de Wonder. Lorsque j'ai proposé de reprendre Wonder, tout s'est très bien passé. Tous les syndicats à l'unanimité, C.G.T., C.F.D.T., F.O., ont signé les accords. Trois jours après, on reçoit une lettre de la C.G.T.-Métallurgie, qui nous stipule que MM. X, Y et Z, cosignataires de l'accord, ne font plus partie de la C.G.T. Dorénavant, il faut négocier avec M. W., que personne ne connaît, qui n'a jamais été chez Wonder et qui vient en droite ligne de la municipalité communiste de Saint-Ouen. En quoi consistait l'accord ? On avait prévu la fermeture d'une filiale à Lisieux mais on créait des emplois ailleurs, un certain nombre de transferts devaient s'exécuter et ceux qui partaient touchaient des indemnités. Mais, après l'entrée en scène de M. W, il y a eu quelques manifestations dans les rues et la télévision est intervenue, ce qui a encore dramatisé les faits. FR3 a présenté dans son journal un reportage sur Lisieux et on a repassé un enregistrement datant de l'année précédente. Une journaliste m'avait alors interrogé au téléphone : « Êtes-vous sûr que vous ne fermerez pas l'usine de Lisieux ? » J'avais répondu exactement : « Je ne fermerai pas Lisieux, et si un jour je suis amené à la fermer, il y aura une usine de remplacement, qui récupérera tout le personnel. » Or, que s'est-il passé à la télévision ? On a tronqué la phrase, il ne restait que : « Je ne fermerai pas Lisieux. » D'où la manchette du journal : « Bernard Tapie ferme Lisieux, et voici ce qu'il avait déclaré il y a un an. »

Or, qu'avons-nous fait dans les locaux de l'usine Wonder de Lisieux ? Tout simplement créé une usine d'injection plastique : la Nord Plast Industry qui a commencé ses activités en avril 86, et qui a permis déjà un certain nombre de reclassements du personnel de l'usine, grâce à la collaboration d'un professionnel de l'injection et, en parfaite harmonie avec la municipalité de la ville.

Par ailleurs, nous avons reclassé à Annemasse une partie du personnel de l'usine, en donnant l'exemple d'un plan de restructuration qui ne s'opèrerait pas par la contrainte et le “c'est ça ou rien”, mais par une préparation du transfert, des indemnités de premiers frais, de déménagement et de réinstallation.

C'est ainsi qu'il a été prévu deux voyages de reconnaissance avec un conjoint entièrement remboursés ; une indemnité de premiers frais égale à 40 % du salaire mensuel, une indemnité de réinstallation jamais inférieure à 10 000 francs, et qui peut aller jusqu'à 17 500 francs. 24 familles se sont déplacées pour visiter l'usine et le site ; 8 personnes ont accepté le transfert et ont donc été engagées, sur 35 postes proposés. Ici encore on voit à quel point souplesse, adaptation et mobilité peuvent constituer des armes efficaces contre le chômage.

Par ailleurs, malgré la fermeture de l'usine, il n'y a pas eu un seul jour de grève chez Wonder ; les unités de production ont toutes continué à fonctionner. Simplement deux locaux désaffectés à Lisieux et à Saint-Ouen ont été occupés et bien entendu l'incident a fait la "une"des journaux pendant deux semaines : « On licencie chez Bernard Tapie », « Grève chez Bernard Tapie».

Lorsqu'une multinationale comme Thomson procède à 6 000 licenciements, cela ne fait que 5 lignes dans les journaux mais quand Tapie licencie 60 personnes, c'est le scoop de la semaine.

Morale de l'histoire : le vedettariat est à double tranchant parce que l'on cherche, et c'est de bonne guerre, à vous faire trébucher. Glorieuse incertitude du sport médiatique.

Au cours de l'émission "Le Jeu de la vérité", un

employé d'une de mes usines m'avait apostrophé au téléphone devant 20 millions de téléspectateurs, je l'ai laissé parler et quand il a commencé à me dire que j'étais responsable de son chômage, je n'ai pas pu me retenir, je lui ai dit : « Écoutez, monsieur, vous savez très bien ce qui s'est passé ; je vous ai proposé un travail, à vous et à votre famille, à deux cents kilomètres de chez vous, et vous avez refusé. Vous préfériez perdre votre emploi plutôt que de vous déplacer. Comment voulez-vous combattre le chômage avec des gens qui ne veulent absolument pas bouger, qui sont prêts à rester enracinés jusqu'à leur mort. C'est ça le vrai problème : le fait que vous ayez refusé un emploi qui vous était offert à deux cents kilomètres de chez vous. » Je me rappelle encore les applaudissements qui m'ont accueilli sur le plateau, et qui me conduisent à penser que la pédagogie de la crise, décidément, commençait à entrer dans les têtes des Français.

13.

Le rêve, le risque, le rire

La nature française adore les hommes providentiels. On l'a bien senti avant les élections, à l'époque où tous les éditorialistes imploraient les mânes du général de Gaulle : « Papy, réveille-toi, ils sont devenus fous. » Le sauveur est une spécialité aussi furieusement hexagonale que le camembert ou le beaujolais, annuellement nouveau. Je ne vais pas croire que "c'est arrivé" parce que je suis maillot jaune des sondages, et victime tout à fait consentante des questionneurs professionnels. En 1980, on créditait Coluche de 10 % d'intentions de vote aux présidentielles ; il a suffi à Yves Montand de participer à deux émissions économiques aux heures de grande écoute télévisuelle, pour qu'on en fasse un gourou politique très attendu. Je ne veux pas, à mon tour, manger de ce pain-là. Ce qui ne signifie pas, loin s'en faut, que je renonce à toute possibilité d'action politique future.

Le syndrome Reagan aidant, on cherche désormais de nouvelles têtes en dehors de la nomenklatura française. Et ce n'est pas parce que la majorité de nos concitoyennes dûment sondées veulent partir en vacances avec moi, ou que les étudiants me désignent comme la personnalité qu'ils admirent le plus au monde, avec Lech Walesa, Mère Teresa et Jean-Paul II, que je vais forcément sentir monter en moi la frémissante certitude d'un destin national. Ma manière à moi de faire de la politique est, pour le moment, d'agir en tant qu'acteur économique, créateur de richesses ; comme tout le monde, je carbure au pouvoir, à la gloire et à l'argent. Mais on ne peut en aucun cas s'en contenter. A un certain stade de notoriété, de richesse et de puissance, qui ne cherche pas à se rendre utile à son pays me paraît bien décevant.

Puisque les pays occidentaux ne s'en tireront aujourd'hui que grâce à la multiplicité des initiatives individuelles, notre rôle, à nous, hommes d'affaires, entrepreneurs, patrons, est de donner l'exemple et de faire connaître autant que faire se peut les règles du jeu.

Deux fois par mois au moins, je donne des conférences à travers la France, bénévolement et sans contrepartie, devant des auditoires de 2 000 à 3 000 personnes. A chaque fois j'essaie, avec le maximum d'enthousiasme et de passion, de faire passer ma conviction d'entrepreneur. J'insiste, face aux étudiants, aux jeunes dirigeants, aux jeunes chambres économiques, sur la complémentarité qui doit exister entre le monde politique et l'univers de l'entreprise. Celle-ci prenant partout l'initiative, alors que les politiques doivent définir les cadres, les structures et les règles à partir desquelles nous pourrons agir.

Ce que je répète dans mes conférences, ce que j'assène dans mon émission "Ambitions", c'est à quel point il est jouissif d'entreprendre dans n'importe quel domaine, à condition que ce soit celui de vos rêves et de vos désirs. A quel point il est satisfaisant pour l'ego comme pour l'esprit de se prendre en charge, de bouger et de faire bouger, rompant ainsi avec deux siècles de Valium étatique. Mon rôle est de distribuer, dans la mesure de mes moyens, de la vitamine C à tous les auditeurs en les convainquant que c'est une formidable aventure que de monter une entreprise et qu'il leur faut arrêter de vivre encore, comme ils le font trop souvent, par procuration. Je leur rappelle également qu'un pays ne prospère pas en faisant Concorde et les grands travaux, mais d'abord en fabriquant des magnétoscopes, des téléviseurs, des ordinateurs, des denrées de consommation. Là aussi, il serait grand temps que les passerelles se multiplient entre l'honorable fonction publique, berceau de la garantie de l'emploi, et ce bizarre secteur privé où il y aura toujours moins d'élus que d'appelés.

Je leur dis également que la meilleure manière de faire de la politique est de ne jamais oublier le civisme, et un patriotisme sain qui est loin d'être négligeable au développement du pays. Il est tout de même inadmissible que le même Français qui hurle de bonheur chaque fois qu'il voit son équipe de football marquer un but, achète, dans son supermarché, des marchandises coréennes, japonaises, ou autres, pour une différence de prix de trois à dix centimes ! L'Allemand, discipliné, achètera allemand ; l'Anglais fera de même. Tandis qu'un patron de magasin à succursales multiples qui prône sans arrêt, avec des sanglots dans la voix, la nécessaire résurrection de la France achète ses petites culottes à Saigon ou à Singapour. Il n'est pas question de fermer nos frontières au nom de je ne sais quel protectionnisme inepte, mais de convaincre les Français, à qualité et prix égaux, d'acheter plutôt national. Cela constituerait déjà un acte politique digne de ce nom.

Si, à un moment donné j'ai la conviction que je peux être utile à mon pays en faisant de la politique, je me jetterai à l'eau. Sans hésiter. « La haute politique, disait Napoléon, n'est que le bon sens appliqué aux grandes choses. » J'estime en tout cas que ceux qui se refusent à faire de la politique ne doivent pas se plaindre si celle qu'ils subissent leur déplaît.

Quant à moi, j'ai une priorité autrement plus pressante : transformer en dix-huit mois 10 000 jeunes chômeurs en autant d'entrepreneurs en leur faisant suivre des stages de formation qui leur donneront les moyens nécessaires de devenir artisans, distributeurs, vendeurs. Ainsi, des milliers de familles seront directement touchées par cette transformation, qui est en train actuellement de s'accomplir par le jeu de l'initiative individuelle, de la décentralisation, et de la synergie de plus en plus développée entre diverses sociétés du groupe.

Mon système montrera simplement que c'est l'économie libérale, l'initiative individuelle qui va sauver le pays et non la "subventionnite". C'est bien d'aider les jeunes avec les T.U.C. en leur faisant faire des choses qui ne servent à rien. C'est encore mieux, selon moi, de leur faire faire des choses qui leur serviront. Car, après deux ans de travail, ces jeunes pourront devenir artisans parce qu'ils auront pris goût à la plomberie ou à l'électricité. Ou "franchisés" en prenant une boutique de notre groupe. Ou carrément chefs d'entreprise à leur compte, puisqu'ils auront appris la gestion. En résumé, les jeunes auront reçu une formation en grandeur réelle, sur le terrain, dans unc économie libérale, telle qu'elle devrait fonctionner...

Le rêve, le risque, le rire : trois maîtres mots qui n'ont jamais cessé d'orienter ma vie.

Je pense souvent à Philippe de Dieuleveult qui a laissé sa vie dans la traversée des fleuves africains ; à mon ami Thierry Sabine qui voulait aller plus loin, non seulement pour les autres mais pour lui-même dans le Paris-Dakar, et qui l'a très chèrement payé. Je pense à ceux qui font sept cents kilomètres à pied sur la banquise du pôle Nord, à ceux qui escaladent seuls, sans cordée, des rochers réputés infranchissables, à tous ceux qui se dépassent. Et ce n'est pas par hasard si toute une jeunesse aujourd'hui se reconnaît dans ces aventuriers : d'Arnaud de Rosnay, disparu sur sa planche à voile, à un de mes amis, qui préfère rester anonyme, parti se battre en Afghanistan avec les moudjahidin, parce qu'il a l'injustice en horreur. De plus en plus, l'alternative se précise : se laisser dépérir dans une existence monotone, ou partir à la conquête de ses rêves en allant au-delà de soi-même. Le risque est indispensable.

Je ne conçois pas, par exemple, qu'un jeune homme de vingt-cinq ans réagisse uniquement en fonction de la sécurité de l'emploi. Cela me paraît scandaleux.

J'appelle de mes vœux une génération de jeunes qui allient les qualités innées de créativité, d'initiative, de courage, et les qualités acquises dans les écoles et universités. Car l'imagination ne sert à rien si l'on ne sait pas comment fonctionne un ordinateur ; les techniques de gestion ne s'inventent pas : il faut savoir ce qu'est un calcul analytique, un bilan, une projection de coût-matière. Mais il ne faut pas s'en contenter. En revanche, les qualités de caractère ne peuvent pas se cultiver à l'école qui, par essence, se doit de pratiquer un enseignement standardisé. Je respecte beaucoup plus celui qui sera parti, avec mille francs en poche, passer trois mois dans un pays dont il ne connaît pas la langue, qu'un sage jeune homme qui se sera contenté de suivre les filières scolaires ou universitaires balisées. De même que je me réjouirai chaque fois qu'un certain nombre de garçons et de filles se mettront à sept, huit ou dix pour faire naître un projet, même s'il suscite l'hostilité de leur entourage. Par l'obstination, l'ambition, la persévérance, ils démentiront tous leurs détracteurs.

Le risque est le moteur absolu de l'innovation. Quand vous arriverez avec une idée neuve, comment voulez-vous être bien reçu ? Les idées originales sont systématiquement rejetées par tout le monde et il faut du temps pour que les utopies d'aujourd'hui deviennent, comme c'est pratiquement toujours le cas, les réalités de demain. Aragon n'écrivait-il pas : « Le propre des génies est de fournir des idées aux crétins vingt ans plus tard » ? Même si aujourd'hui, avec l'accélération de l'histoire, quelques mois à un an suffisent, il faut cesser de dire aux Français : « Vous êtes intelligents, vous êtes courageux, vous allez vous en sortir. » Cette démagogie qui consiste, pour être élu à tout prix, à aller dans le sens du poil de ses futurs électeurs ne rend pas service à la nation. Il faut leur dire, comme je le fais dans les débats et les conférences que je tiens : « Vous êtes devenus paresseux, vous travaillez moins que tous les pays occidentaux modernes, vous êtes prétentieux, vous croyez être le nombril du monde alors que vous risquez de devenir un chef-lieu de canton à l'échelle de la planète ; vous avez gardé une idée de la France qui ne correspond plus à la réalité d'aujourd'hui. Vous ne rêvez que d'assistance car, depuis le berceau, on vous a seriné la douce musique de la mère patrie. Vous êtes conservateurs : quel est le pays, qui près de trente ans après que le nouveau franc a été institué, continue de parler en anciens francs ? Moi-même cela m'arrive, et je suis sidéré par cet extraordinaire conservatisme verbal qui symbolise bien le conservatisme mental sous-jacent. Il faut que vous acceptiez enfin de vous prendre en main, que vous sachiez que votre sort ne dépend que de vous-mêmes. »

Nous sommes, une fois de plus, à la croisée des chemins. La tête dans le sable, ou le pas au-delà. La planque, ou le risque. La résignation, ou l'audace. La tremblote, ou la bougeotte. La décadence, ou le sursaut. Celui-ci fut, à divers moments de l'histoire, une spécialité française ; pourquoi ne le redeviendrait-il pas ? Les Français n'ont jamais manqué d'astuce, d'inspiration, d'invention. Aujourd'hui encore, créateurs et concepteurs continuent d'essaimer leurs produits à travers le monde. Ils ont toujours su rebondir à la suite de tribulations autrement plus éprouvantes que celles que nous connaissons.

Que l'on ne nous parle plus de crise, ce mot-valise, ce mot-prétexte à tous les abandons. Nous sommes en guerre : un conflit heureusement moins sanglant que la Seconde Guerre mondiale, mais tout aussi important et lourd d'holocaustes possibles. Si nous ne voulons pas devenir un quelconque Botswana mélancolique, il est temps de réagir, d'abandonner les vieux oripeaux idéologiques et partisans, de cesser les querelles stériles et de bâtir, ici et maintenant, en France, en Europe et dans le monde, les architectures bigarrées et complexes de nos rêves réalisés. Ne nous y trompons pas, cette guerre peut être mortelle, d'autant plus dangereuse qu'elle s'avance masquée. Il se fait tard dans le siècle : raison de plus de foncer, d'inventer, de faire. Ce n'est même plus une question de choix, mais tout simplement de survie.

***

La récompense ce n'est pas l'argent : c'est le plaisir, le jeu, la liberté, la mobilité, la faculté de créer.

Perdre dans notre société, ce n'est plus mourir de faim. C'est d'une certaine façon ne pas avoir le droit de bouger ; c'est être assigné à résidence : métro, boulot, dodo...

Ce qui veut dire aussi que beaucoup ont perdu. Quels sont ceux qui aujourd'hui ont la liberté de bouger ?

Gagner, vivre, c'est bouger. Or, ce n'est pas simplement une question d'argent. C'est une question de "pêche" et ça se joue ici et maintenant.

La liberté, le plaisir de vivre, de faire, de jouer,

c'est toujours tout de suite et jamais demain : l'avenir se conjugue au présent.

Tous autant que vous êtes, dès aujourd'hui, faites du sport, de la musique, animez des groupes organisés, présidez des associations, donnez vie à vos fantasmes !

Ceux d'entre vous qui sont actifs aujourd'hui gagneront demain.

On ne vit pas par procuration. La seule leçon, s'il en existe, c'est que tout est possible, mais uniquement si vous le voulez.

TABLE DES MATIÈRES

La composition de cet ouvrage
a été réalisée par C.M.L., Montrouge
et achevé d'imprimer en novembre 1986
sur presse CAMERON,
dans les ateliers de la S.E.P.C.
à Saint-Amand-Montrond (Cher)
pour le compte de France Loisirs